KLAUS P. FISCHER

CHRISTSEIN ALS ALTERNATIVE

ÜBER SELBSTFINDUNG DURCH GLAUBEN

Impressum:

Christsein als Alternative – Über Selbstfindung durch Glauben

ISBN-Nr.: 978-3-9814195-2-8

2. Auflage vom 1. Februar 2011

(Hrsg.) V.i.S.P.:	Dr. Klaus P. Fischer
Verlag:	Adlerstein Verlag Hans-Jürgen Sträter
	Wacholderstr. 26
	26639 Wiesmoor
Tel:	04944-5815
Fax:	04944-5839
Email:	kontakt@adlerstein.de
Internet:	www.adlerstein-verlag.de
Herstellung:	Books on Demand, Norderstedt
Coverfoto:	Andromedanebel M31 mit zwei seiner Satellitengalaxien, M35 und NGC205
	Quelle: Max-Planck-Institut für Astronomie, Kurt Birkle

INHALT

VORWORT

Vor etlichen Jahren machte das Wort „alternativ" die Runde. Nicht wenige Menschen suchten nach einer „alternativen" Lebensweise, alternativ zur bürgerlichen, kapitalistischen, selbstzufriedenen Gesellschaft; alternativ auch zur Option für Gewalt und Ausbeutung im Konflikt der Systeme, alternativ auch zur rücksichtslosen Ausbeutung der Rohstoffe des Planeten. In jenen Jahren galt als „Alternativer" jemand, der sich schon durch die Art, sich zu kleiden, von der sogenannt normalen Gesellschaft unterschied, aber auch ein „Aussteiger", der aus den regulären Lebensoptionen der Gesellschaft ´ausstieg`, um sich an deren Rand oder außerhalb für ein frugales, aber selbstbestimmtes Leben niederzulassen.

Auch die Christen waren von Anfang an „Alternative" zu ihrer jeweiligen Gesellschaft, was ihnen damals und bis heute nicht selten Benachteiligung, ja Verfolgung einbrachte und einbringt. Allerdings wollten und wollen heute nicht wenige den Eindruck vermeiden, aus dem Rahmen des Normalen zu fallen, und sind sehr darauf bedacht, in der Gesellschaft nicht als anomal aufzufallen. Doch andere, zunehmend junge Menschen haben das Gefühl, die Leistungs- und Konsumgesellschaft vermittle ihnen wesentlich nur materielle, diesseitige Normen, lasse sie jedoch, bei all ihrer weltanschaulichen Offenheit, in Fragen nach Lebenssinn und ethisch-humanen Bezügen allein: Hauptsache sei, dass man in seinen jeweiligen Pflichtbereichen so gut wie möglich ´funktioniere`, Persönliches sei eben „privat" und dürfe Funktion und Leistung nicht berühren; vielmehr müsse jemand, um vorwärts zukommen, die Bereitschaft haben, „mit den Wölfen zu heulen" und notfalls Skrupel zu unterdrücken. Denn – so soufflieren die Meinungsmacher – „jede(r) ist ersetzbar". Auch lebt in der säkularen Gesellschaft eine sich verstärkende Neigung, Gott und Glaube als überflüssig, für das reibungslose Funktionieren sogar schädlich zu suggerieren. Was bei diesem Bestreben nicht so offensichtlich ist: wo Gott und Glauben als überflüssig angesehen werden, wird bald auch der einzelne Mensch überflüssig und sein Schicksal uninteressant.

Die meisten von uns können nicht außerhalb der Gesellschaft leben. Doch können wir in der Weise „alternativ" werden, dass wir lernen, uns ein eigenes Urteil zu bilden – ein eigenes Urteil auch aus den Quellen des Glaubens, um daraus Kraft und Mut zu schöpfen zu kritischer Distanz und Eigenverantwortung mit der Courage, gewonnene Einsichten auch an geeigneter Stelle in Vorgänge und Mechanismen der Gesellschaft mit einzubringen. So könnten wir beitragen, sie humaner zu gestalten, nämlich im Sinne der „Menschenfreundlichkeit Gottes", wie er sie in Jesus Christus gezeigt hat.

Denn Jener, der ´Ur-Christ` schlechthin: Jesus Christus, er verstand die Menschen, ging auf sie zu, beriet und heilte viele, brachte ihnen sein befreiendes Wissen um Gott und von Gott nahe. Freilich konnte er es nicht hindern, dass er sich damit auch Feinde schuf. Die ihm folgen, müssen damit rechnen, ebenfalls von manchen abgelehnt, als „Toren" oder „Narren" abgetan (1Kor 4,10. 13) zu werden. Es ist dies das Kreuz der Nachfolge, wie es schon Paulus an sich selbst erfahren hat.

Hinzu kommt ein weiterer Gesichtspunkt. Die Frage des Philippus an den äthiopischen Kämmerer: Verstehst du auch, was du liest ... hörst, überliefert bekommen hast? (Apg 8,30), diese Frage gewinnt in jeder Generation neue Aktualität. Sie ist nie endgültig – im buchstäblichen Sinn endgültig – beantwortbar. Christlicher Glauben weiß und ringt um das „Gotteswort im Menschenwort". Jeder Zeit ist das Bemühen aufgegeben, mit ehrfürchtigem Tastsinn das lebendige Gotteswort unterscheiden zu lernen von erstarrten Formen vergänglichen, menschlichen Meinens, Deutens und Denkens. Das wird in diesen kurzen Überlegungen versucht. Vielleicht sind sie eine kleine Hilfe für den Auftrag an Christen, allzeit bereit zu sein zur Rechenschaft über die Hoffnung, die in ihnen lebt (1Petr 3,15).

Hinweis: Bibelzitate sind, wo nicht anders angegeben, vom Verfasser übersetzt.

WOFÜR IST DER GLAUBE GUT ?

Die Frage klingt für ernsthafte Christen unziemlich. Aber so kann der Gläubige von heutigen Menschen gefragt werden. Eine Frau berichtete, sie habe in ihrer Gruppe junger Erwachsener Aufsehen erregt, als sie offenbarte, dass sie Gottesdienste besuche und sich auch religiös weiterbilde. Kopfschütteln und erstauntes Fragen: Aber was bringt dir das? Was gibt dir das?

Viele Menschen, die den Kirchen fern stehen, bekamen an einem – oft frühen – Punkt ihrer Lebensgeschichte das Gefühl: Der Glaube (der Eltern, Großeltern, der Pfarrer, des Papstes usw.) gibt mir nichts, bringt mir nichts. Im Fernsehen, in Talkshows wird die Frage, was einem der Glaube bringe, regelmäßig gestellt, sobald jemand bekennt, er/sie habe eine christliche Bildung genossen, nehme Glauben ernst, praktiziere ihn.

So manche Moderatorin, mancher Moderator reagiert dann verwundert nach dem Motto: Glauben, das haben wir doch eigentlich hinter uns! Das ist doch höchstens was für Kinder (wie Sigmund Freud lehrte). Nicht wenige Erwachsene gehen in einen Weihnachtsgottesdienst „der Kinder wegen", fürs Gefühl ... Was immer einer sagt und unternimmt in der Welt der Erwachsenen (der ernüchterten Realisten), muss sich nach verbreiteter Einschätzung zumindest für eines dieser vier Dinge lohnen („es bringen"): Geld, Erfolg, Ansehen, Spaß („fun") ...

Nicht nur in Talkshows, auch in privaten Unterhaltungen wird ein bekennender oder bekannt gewordener Christ alsbald gefragt: „Was ´bringt` Ihnen/dir das?" Und wenn er nicht abschwächend reagiert, wird von ihm Rechenschaft über den Glauben erwartet (vgl. 1Petr 3,15f).

Es wird uns Heutige nicht verwundern, dass sich Christen früh bemüht haben, das Gut-sein-für – den Nutzen – des Glaubens zu begründen. So z.B. Augustinus. Er schrieb gegen Ende des 4. Jahrhunderts eine anspruchsvolle Abhandlung Über den Nutzen des Glaubens (De utilitate credendi). Anlass, dieses Buch zu schreiben, war ein Jugendfreund, welcher der Weltanschauungsgemeinschaft der Manichäer angehörte, deren Mitglied auch Augustinus für einige Jahre gewesen war. Die Manichäer hingen einer damals verbreiteten, aus Persien stammenden Erlösungslehre an, wonach die tätige Erkenntnis die Menschen aus dieser Welt des Stoffes nach und nach befreie, um, vom Kreislauf der Seelenwanderung erlöst, beim Tod in die himmlische Licht-Welt eingehen zu können. Augustinus selbst hatte einst den Freund für die Manichäer geworben. Als er selber Christ geworden war, wollte er seinen Freund auch für das Christentum zu gewinnen. Die Hürde war jedoch die christliche Forderung zu glauben.

Die Manichäer setzten allein auf rationale Erkenntnis, lehnten das Christentum wegen der Glaubens-Forderung ab. Daher konzentriert Augustin sein Bemühen darauf, dem Freund das „Glauben" als alltägliche Angelegenheit begreiflich zu machen. Denn das meiste, was wir zu wissen meinen, beruht auf Glauben: wir wissen etwas, indem wir einer Autorität (z.B. einer medizinischen, astronomischen, wirtschaftlichen usw. Autorität) glauben. Unsere Schulbildung beruht weitgehend auf Glauben (das wenigste, was uns die Lehrer ´beibringen`, haben wir selbst gesehen, erlebt, gefunden, begriffen – Schülern bleibt gewöhnlich nichts anderes übrig, als nicht von ihnen selbst erkannte oder erfahrene Sachverhalte und Tatsachen sich durch „Lernen" anzueignen). Deshalb, so Augustinus, sei auch Glaube, wie ihn die Kirche verlangt, etwas alltäglich Vertrautes – nur dass wir in diesem Fall eben Jesus, den Aposteln, den Predigern usw. glauben, dass Gott existiert, und von ihnen entgegennehmen, wie Gott uns gegenüber eingestellt ist und was er mit uns vorhat. (1)

---

1 Der 1.Teil des Buches „Vom Nutzen des Glaubens" enthält einige Regeln für die saubere
und verlässliche Auslegung der Hl. Schrift.

Allerdings konnte Augustinus seinen Freund nicht gewinnen; dieser wurde, im Gegenteil, zu einem Spötter über Glauben und Kirche. Aber Augustin schrieb ja sein Buch nicht nur für den Freund, sondern auch für weitere Kreise, die ähnliche Vorbehalte gegen Glauben hatten. Auch heute gibt es in der westlichen Welt viele, die rationales Wissen, eben „Wissenschaft", über den Glauben stellen. Auch ihnen könnte man versuchen beizubringen, wie lebenspraktisch Glauben schon im allgemeinen ist und was glauben im christlichen, zumal biblischen Sinne genau bedeutet.

Vor wenigen Jahrzehnten veröffentlichte der bekannte evangelische Theologe Heinz Zahrnt ein Buch mit dem Titel Wozu ist das Christentum gut?

Der Titel passte in die damalige geistige Landschaft. Im Zuge der neomarxistischen Kulturrevolution wurde alles und jedes daraufhin auf den Prüfstand gestellt, wie weit es die Gesellschaft verändere und produktiv voranbringe. So waren auch Theologen der Forderung ausgesetzt, sich gesellschaftlich zu ´legitimieren`. Aber Zahrnt war kein Ideologe im Pastoren-Talar. Er nutzte die Chance, um viel weiter auszuholen: nämlich zu verdeutlichen, was Religion überhaupt ist, inwiefern Christentum auch Religion ist, welch lebenswichtige Bedeutung es gerade auch in der Moderne hat. Er stellt heraus, dass alle Menschen im Leben zwei entgegengesetzte Erfahrungen machen – eine negative: Leiden am Leben, Sich-wund-reiben an den Realitäten des Lebens, Enttäuschung über die arge Welt und ihre Menschen; und eine positive: die unstillbare Sehnsucht nach erfülltem, ganzem Leben, nach Geheilt-werden und Heil-sein, nach einer guten Welt und einer guten, menschenfreundlichen Lebensmacht, der man gerne den Namen „Gott" geben würde, wäre dieses Wort nicht historisch so belastet. Dazu kommt die Erkenntnis vor allem der Älteren, die mit den Jahren deutlicher fühlen, dass das, was das Leben ihnen geboten hat und bietet, doch noch nicht alles gewesen sein kann. Der Kinderbuchtitel von Maurice Sendak: „There must be more to Life", deutsch: „Es muss im Leben mehr als alles geben" (Higgelti Piggelti Pop), bringt das unübertrefflich zum Ausdruck. Zahrnt vermerkt, wie die Menschen heute scharenweise angezogen werden von Versprechungen und Angeboten für ein erfülltes, gelingendes Leben. Und er verweist darauf, dass die Menschen der Bibel Gott erfahren haben und bezeugen als Ursprung und Quelle von Leben.

In der Tat wird Gott in der Bibel entsprechend tituliert: Der lebendige Gott, besser übersetzt: der Gott des Lebens; der Gott, der Leben ist, Quelle von Leben (in hebräischen Ausdrücken: El Chaj, El Chajjim, Elohim Chajjim usw). Die Bibel will sagen, Gott sei gleichbedeutend mit Leben, und Leben sei gleichsinnig mit Gott. Das griechisch geschriebene Buch der Weisheit nennt Gott Lebensfreund (philópsychos - 11,26). Auch in dem Jesus-Wort: Was nützt es dem Menschen, die ganze Welt zu gewinnen, doch Schaden zu leiden an seiner psyché ? (Mk 8,36 Par) vertritt das Wort „psyché" („Seele") das hebräische Wort „nefesch", das Lebenskraft, eben Leben bedeutet. Die Menschen der Bibel erkannten also einen inneren Zusammenhang zwischen ihrer Lebens-Sehnsucht und Gott. Deshalb steckt, unter diesem Blickwinkel, im Glauben an Gott die Ermutigung zum Leben.

Allerdings unterscheidet die biblische Erfahrung hier zweierlei Leben: das zwar vitale, aber dem Tod unterliegende Leben und das neue, aus Gott kommende, den Tod überlebende Leben. Beide Lebens-Projekte werben für sich: das eine mit kurzfristigen Versprechungen, das andere mit langfristigen Verheißungen. Darin kommt das alte Sinnbild von den zwei Wegen zum Vorschein, zwischen denen ein Mensch zu wählen hat: zwischen dem Weg des Lebens und dem Weg des Todes. Wie leicht der eine mit dem anderen zu verwechseln ist, wie wichtig ihre Unterscheidung ist, wird in den drei Prüfungen offenkundig, die Jesus zu Anfang seines öffentlichen Wirkens zu bestehen hat: ob seine letzte Lebensgrundlage Gott sein soll oder Reichtum und Macht der Erde, dazu der Wunsch, Gott für das eigene Prestige-Bedürfnis einzuspannen (Mt 4,1-11; Lk 4,1-13).

Schaut man auf das Ende von allem, ist es die Wahl zwischen Leben und Tod. Sein Kriterium für die gute Wahl spricht Jesus bei dieser Gelegenheit deutlich aus: Nicht allein vom Brot wird leben der Mensch, sondern von allem, was ausgeht vom Munde des Herrn, wird leben der Mensch (Dtn 8,3; vgl. Mt 4,4; Lk 4,4).

Es sind die nicht seltenen, in der Moderne häufiger sich auftuenden Wegkreuzungen, an denen der Christ, und wohl auch jeder Mensch, bei dem das Gewissen anschlägt, sich vor die Wahl des Weges gestellt erfährt. Leicht sei diese Wahl nicht, so werden wir gewarnt; nur relativ wenige fänden den Weg zum wahren Leben, der durch den Tod hindurch führt (Mt 7,14). Es muss wohl jemand den Weg dieses Jesus schon ein gutes Stück mitgegangen sein, um den Weg der vielen ausschlagen und zum Weg der wenigen sagen zu können: Du birgst Worte ewigen Lebens! (vgl. Joh 6,67)

Petrus bekennt so seine Erfahrung mit Jesus an einem Wendepunkt, als sich „viele Jünger" von ihm abwenden.

Ob diese Antwort moderne Menschen anrührt, die fragen, was das Christsein ´bringe`?

Ihnen stellt sich nämlich noch ein Dilemma, das die Alten nicht kannten: der Ort des Menschen im Weltall.

´URKNALL` DER LIEBE ?

Wer erstmals eine Sternwarte, ein Planetarium besucht, empfängt ein Urerlebnis, das Blaise Pascal (17.Jh) voraus ahnte:

Wenn ich die kurze Dauer meines Lebens betrachte, ... den kleinen Raum, den ich ausfülle, und selbst den, den ich erblicke, der in der grenzenlosen Weite der Räume untergeht, von denen ich nichts weiß und die von mir nichts wissen, erschrecke ich und staune, dass ich mich eher hier als dort sehe...Wer hat mich hierhin gestellt? Auf wessen Weisung und Führung wurden mir dieser Ort, diese Zeit zugewiesen? [2]

Das grenzenlose All macht uns unsere „Kontingenz" oder Zufälligkeit bewusst. Diese Erkenntnis kann deprimieren und, unter Umständen, in Resignation münden: der Physiker Steven Weinberg meint, der oft freundlich-heimelige Anblick der Erde täusche: das Weltall gehe – und der Mensch mit ihm – „seiner Auslöschung durch unendliche Kälte oder unerträgliche Hitze entgegen", es erscheine also „sinnlos". [3]

Für andere ist der Mensch ein „Zigeuner", ziellos umherirrend in einem Weltall, das taub ist und uninteressiert an seinen Hoffnungen, Taten und Leiden.

Vor der Grenzenlosigkeit des Weltalls beschleicht viele auch das Gefühl, die biblische Botschaft versinke davor ins Bedeutungslose: Was sind 2000, was 4000 Jahre der Bibel gegen die Milliarden, ja Billionen Jahre des Kosmos und seiner Prozesse!? Ist der ´Gott` des Kosmos, jene „überlegene Vernunft", die sich im Universum „offenbart" (*Albert Einstein*), nicht viel erstaunlicher, großartiger als der Gott der Bibel? Blickt die Botschaft der Bibel nicht auf ein kindliches Paradiesgärtlein, verglichen mit den Signalen des Kosmos mit der grandios-kalten Schönheit rotierender, fliehender Galaxien im schwarzen, fast leeren Raum?

So denkt und fühlt ein breites Publikum. Vor einigen Jahren dokumentierte die Zeitschrift *GEO* jedoch ein Gespräch zwischen westlichen Physikern und dem *Dalai Lama* und monierte, seit der Aufklärung dominiere der wissenschaftliche Verstand die moderne Welt – und nähre zugleich ein Unbehagen:

Auch wenn das letzte Gen kartiert, der längste Elektronenbeschleuniger gebaut, die teuerste Weltraumstation installiert sein wird, bleiben wesentliche Fragen offen. Denn den Hunger nach Sinn kann wissenschaftlich-technische Forschung nicht stillen. [4]

Betrachten wir im Foto eine Galaxie wie den Andromeda-Nebel! Er ist mehr als 2 Mio Lichtjahre entfernt. Folglich sehen wir ihn, wie er vor 2 Mio Jahren war (so lange war sein Licht unterwegs). Wir sehen ihn nicht heute, sondern in der Vergangenheit. Der Andromeda-Nebel, den wir auf dem Foto betrachten, ist gleichzeitig etwa mit der Epoche der Eiszeit: damals lebten die Australopithecinen, Hominiden – entfernte Vorfahren des homo sapiens. So gesehen, erinnert die Andromeda-Galaxie an die lange Werdegeschichte unserer Art auf Erden. Zugleich sind wir – wie Kosmologen versichern – „Kinder des Weltalls": im Rahmen von Geburt und Tod der Sterne rekonstruieren sie, wie die Elemente entstanden, aus denen schließlich auch wir bestehen. In dieser Hinsicht sind wir – jede(r) von uns – ein später, verschwindend kleiner Aggregatzustand des Kosmos (der interstellaren Materie) und spätes Konglomerat aus Elementen der Erde. Doch dieses Konglomerat Mensch stellt Fragen. Es möchte wissen – wissen, woher es kommt, wer und was es ist, was es soll, wozu es ist, was aus ihm wird.

---

2 *B. Pascal,* Pensées fr.205 (Paris 1988); eig. Übersetzung
3 *St. Weinberg,* Die ersten drei Minuten (dt. München-Zürich 1977), 212f
4 *GEO* 1999 Nr.1, 128f

Sinnlose Fragen? Kein Geringerer als der Physiker Werner Heisenberg bestand auf dem Recht der biblischen Sprache, ihrer „Bilder und Gleichnisse": sie wecken „das Vertrauen in die Welt", „in den Sinn unseres Daseins in ihr". (5)

Und *Pascal,* der geniale Mathematiker, stellte dem mathematischen Denken eine andere wichtige Gabe des Menschen gegenüber: Das Sehen und Verstehen vom „Herzen" her: „Das Herz hat seine Verstehensgründe, die der Verstand überhaupt nicht fasst; das Herz ist es, das Gott erspürt, nicht der Verstand". (6)

Wissenschaft befasst sich mit Teilen, Ausschnitten der Welt. Weisheitliche Erkenntnis aber (sie ist dem biblischen Menschen eigen) nimmt das Ganze wahr, das Ganze, das mehr ist als die Summe der Teile: sie sieht die Teile, aber auch das Ganze in den Teilen.Wir reden von Weltall, ´Urknall`, Andromedanebel, Vergangenheit, von Australopithecinen, Erdgeschichte usw: Teilgrößen unserer Entstehungsgeschichte. Auf all das (und mehr) sind wir „Kinder des Weltalls" bezogen In der erwähnten GEO-Debatte einigten sich der Dalai Lama und die Physiker auf den Satz: Alles ist Beziehung (a.a.O., 150f).

„Im Anfang ist die Beziehung". Das aber ist kein Satz des Dalai Lama oder eines Physikers. sondern Martin Bubers. Dieser jüdische Weise des 20. Jahrhunderts meint die Beziehung Ich und Du. Die Welt der Dinge, sagt er, erfahren und gebrauchen wir; dem Du begegnen wir, wenn ein Du sich uns gibt. Denn: „Das Du begegnet mir von Gnaden – durch Suchen wird es nicht gefunden". (7) Jedes Du ist ein Geheimnis. Ihm können wir uns nur scheu nähern, es an-sprechen, hoffend, dass es sich uns öffne.

Das Du-Geheimnis könnte weiterhelfen bei Pascals Frage: Wer hat mich hierhin gestellt – an diesen Ort, in diese Zeit, mich, ein „Nichts vor dem Unendlichen"? Die einen sagen: Niemand! Dass wir überhaupt da sind, du und ich, ist Zufall. Eine Laune der Natur. Sind wir tot, „wird es sein, als wären wir nie gewesen" (Wsh 2,2). Andere sagen: Es stimmt – evolutiv betrachtet, sind wir ein winziges, unwahrscheinliches Produkt: „Nichts vor dem Unendlichen". Doch eben dies könnte das Wunder einer Liebe sein! Das Unwahrscheinliche gehört ja zum Raum ihrer Freiheit, der Freiheit der Liebe! Liebe kann das, macht ein „Nichts" zum „Alles", ein „Nichts vor dem Unendlichen" zum „Alles vor dem Nichts" (*Pascal*). Für Kosmologen sind wir „Sternenstaub". Doch ´Kinder einer Liebe` ? Für diese Art Antwort – „Kinder der Liebe" – wird Kosmologie sich unzuständig erklären.

Die Erkenntnis, wir Menschen seien „Kinder der Liebe", kann nur aus einer unerwartbaren Botschaft, der „Frohen Botschaft" eines DU kommen: Ihr seid nicht bloße „Spottgeburt von Dreck und Feuer" („Faust"), eine Totgeburt des Kosmos! Ihr dürft euch verstehen als „Kinder des Weltalls *und* der Liebe" und aus dieser Gewissheit leben! Diese vielleicht überraschende Antwort müsste man wohl meditieren.

Wer es tut und diesen Gedanken schön findet, gerät vermutlich nach einiger Zeit in neue Zweifel. Sie beziehen sich auf eine allerdings uralte Frage: Wie ist es denn mit dem Tod, den alle „Kinder des Weltalls" doch sicherlich sterben werden? Wie verhalten sich *Liebe und Tod* zueinander?

5 *W. Heisenberg,* Naturwissenschaftliche und religiöse Wahrheit, in: Schritte über Grenzen (München 1984), 306
6 *B. Pascal,* Pensées fr.277 (Paris 1988), eig. Übersetzung
7 *M. Buber,* Das dialogische Prinzip (Heidelberg 1973), 15

IST MIT DEM TOD ALLES AUS ?

Gehen wir behutsam vor. Stellen wir uns einer Tröstung der Bibel. In der Johannes-Offenbarung hört der Seher eine Stimme vom Thron her rufen, Gott werde alle Tränen aus Menschenaugen wischen: „Tod wird nicht mehr sein, keine Trauer, keine Klage" (21,4). Wie hört der heutige Mensch diese Stimme? Reagiert er wie Goethes Doktor Faust, der dem „Christ ist erstanden!"-Chor der Engel zuruft: „Die Botschaft hör` ich wohl, allein mir fehlt der Glaube!" ?

Nun, zur Würde des Menschen gehört, dass er dem Ansinnen, etwas blind zu glauben, widersteht; er möchte „erfahren", jedenfalls anfänglich verstehen können, was, warum, wozu er glaubt.

Mit zunehmendem Alter klagen die Menschen, wie schnell die Zeit – Woche, Monat, Jahr, das Leben – vergehe. Doch enthält der Seufzer nur die halbe Wahrheit. Denn man kann den kurzlebigen Menschen in seinem Leben bestrebt sehen, etwas aufzubauen, das Bestand hat, das bleibt, möglichst über seinen Tod hinaus: Lebenswerk, Familie, Haus, Namen usw. Am Ende ist er zufrieden, wenn er oder wenigstens sein Werk weiterlebt im Bewusstsein der Jüngeren. Auch der Apostel Paulus denkt so über sein Missionswerk, mag er auch anmerken, dass Menschenwerk vergänglich sei und der göttlichen Feuerprüfung unterliege (1Kor 3,9-15). Wir Menschen, wohl bewusst unserer irdischen Vergänglichkeit, sind stets bemüht, etwas Dauerhaftes aufzurichten, und sind getröstet, wenn wir „Bleibendes hinterlassen". Tatsächlich überleben die Werke mancher Menschen mehrere Generationen, gelegentlich (wie Chopins Klavierwerk) Hunderte, vielleicht Tausende von Jahren (wie Homers Epen). Was immer wir leisten – wir Menschen sind unser Leben lang bemüht, der Vergänglichkeit zu widerstehen, indem wir etwas Beständiges schaffen.

Es ist, als ob wir von innen verspürten, dass das Leben, das wir empfingen, in der Wurzel die Unvergänglichkeit sucht und will. Mögen auch manche Zukunftsforscher versichern, Leben und Menschenwerk würden spurlos verschwinden, wenn die alte Sonne einmal explodiere – sind sie eingeweiht in die *ganze* Wirklichkeit? Wir Menschen fühlen ja auch Fähigkeit und Aufgabe, uns selber, unsere Persönlichkeit aufzubauen und mit dauerhaften Zügen (wie Aufrichtigkeit, Zuverlässigkeit, Gerechtigkeit) auszustatten. Allerdings tun sich viele von uns schwerer, etwas Beständiges in sich selbst aufzurichten als außerhalb. Die äußere Leistung ist nicht selten imponierender als die innere.

Dennoch: in beide Richtungen müht sich der Mensch, etwas zu erleisten, das als Bleibendes dem Tod abgerungen, abge*trotzt* ist. Darin – so könnte man im Blick auf die ganze Existenz sagen – besteht seine eigentliche Lebens-Leistung. Am bewegendsten wird sie ersichtlich, wenn unser Blick auf uns vertraute Menschen fällt, die in die Jahre gekommen sind. Sie wirken verbraucht, gebeugt, ihre Haut welk und faltenreich. Doch dahinter gewahren wir noch zwei Dinge: sie sind trotz allem sie selbst geblieben, immer noch (ja noch mehr) die gütige, besorgte Mutter, der treue, verlässliche Freund, und: sie haben nach außen wie nach innen gehört, haben Erfahrungsschätze gesammelt und bewahrt, sind so reifer, reicher und weiser geworden. Inmitten der verrinnenden Zeit haben sie sich gesammelt, bewahrt und befestigt. Dies ist das Denkwürdige: Vergehend entsteht der Mensch. Herbstlich welkend, wird er innerlich zur reifen Frucht. Alternd verbraucht er sein biologisches Dasein, um sich selbst hervorzubringen.

An den schmerzenden Widerständen der Welt arbeitet er sich ab, baut sich an ihnen auf, erringt sich selber jenseits der Todesschatten-Schluchten, die er durchwandern muss. Der Art nach geschieht das mehrmals in der Lebenszeit. Der Junge, das Mädchen, Schülerin, Schüler, verliebte Egoisten, Mann oder Frau „in den besten Jahren", was immer wir einmal waren, sind nicht mehr. Die Abschiede von Kindheit, Jugend usw. waren zeitweise schwierig, von offener und geheimer Angst belastet: für Angehörige, für uns selbst. All das musste vergehen, damit es „hinter" uns liegt und doch nicht verloren ist, sondern Baustein für unsere Persönlichkeit.

Wenn so das Sterben ein lebenslanger, an bestimmten Abschnitten fühlbarer Prozess ist, kommt die Ahnung auf, dass es nicht als Untergang, sondern als Aufgang des Menschen gemeint ist.

Der Tod – Zeitpunkt einer neuen Geburt? Wir sind, so sahen wir, darauf angelegt und ein Leben lang bestrebt, Unvergängliches zu schaffen, Unvergänglichkeit zu erreichen. Doch der Weltschmerz, der all diesen Bestrebungen beigemischt ist, sagt uns, dass wir es zuletzt nicht schaffen; dass wir, obwohl wir es zutiefst wollen, den Abgrund am Ende nicht überbrücken. Umso unruhiger wird unser sinnender Geist, unser Herz.

Dieser Unruhe des Herzens gibt der biblische Gott sich als Quelle von Leben (Dtn 30,6; 2Kön 19,4; Hi 27,2) und sein Wort als Weg zum Leben (Dtn 30,15f.20; Did 1,1) zu erkennen; er appelliert, ihm zu vertrauen. Gotterfahrene bezeugen: ein in beharrlichem Gott-Vertrauen Bewährter erfährt diesen Gott als Retter seines Lebens (Ps 16,9ff; 36,10; Hab 2,4). Am Scheideweg der Erprobung wählt Jesus die alte Glaubenserfahrung: „Der Mensch wird leben nicht vom Brot allein, sondern von allem, was aus Gottes Mund kommt" (Dtn 8,3; Mt 4,4). In Treue zum „Vater" auch im Tod bewährt (ein *Zaddik* par excellence), wurde der Gekreuzigte als Lebender erfahrbar, selber Lebensquell geworden (Mt 28,6; Joh 1,4.12; 6,57; 17,2; Röm 6,23). Weil er in Gottes Treue den Tod bestand, spendet auch sein Wort unverlöschliches Leben, da ihm Gottes Lebenshauch innewohnt. Ein Glaubender, im irdischen Leben gereift zu trauender Ant-Wort auf dieses Gottes-Wort, ist ein „neues Geschöpf" (2Kor 5,17; Gal 6,15) geworden. Daher findet sich der auf diesen Gott mit Jesus Trauende wieder in jenem mitgekreuzigten Räuber und dessen Sterbegebet: „Herr, denke an mich ..!" Auch ihm gilt die Zusage: „Heute noch wirst du mit mir im Paradies sein!" (Lk 23, 42f).

Das ist schön! Das hört sich jedenfalls gut an!, sagen an dieser Stelle manche: Aber das geht mir zu schnell! So rasch kann ich das gar nicht verarbeiten und überprüfen. Selbst wenn ich dem Gefühl zustimme „Es muss im Leben mehr als alles geben!" – dieses Gefühl habe ich auch; aber um dieses Gefühl zu befriedigen, einfach an etwas glauben, der Bibel glauben? Das ist doch ein halsbrecherischer Schritt!

DAS ABRAHAM-MODELL

Vor einiger Zeit erschien ein Buch mit dem Titel *Egoisten-Bibel*. Sie will den Leuten Glaube und Religion ersparen. Diese ´Bibel` sei modernen Epikureern gewidmet, heißt es, all jenen, die „sich keiner Religion verschrieben haben", und will anleiten, das Leben buchstäblich rücksichts*los* in die eigene Hand zu nehmen. Jeder Mensch sei selbst der Mittelpunkt seines Lebens, solle ungeniert bestimmen, was für ihn richtig ist, was falsch, und was hilft, das eigene Leben unabhängig und erfreulich zu führen. Verantwortlich sei man nur für sich selbst. Der Sinn des Lebens liege darin, aus eigener Kraft frei und glücklich zu sein. Darum solle man sich auch über den Tod nicht grämen, sondern – wenn es soweit ist – das Leben einfach abgeben: reuelos, furchtlos.

Die jüdisch-christliche Bibel stellt eine andere Sicht vor, lenkt den Blick auf Abraham: Abraham hört auf *den Herrn,* der ihm *zu*mutet, Land, Sippe, Haus und Hof zu verlassen und in das Land zu gehen, „das ich dir zeigen werde" (Gen 12,1). Daran geknüpft die Verheißung, Same eines großen Volkes zu werden, zugleich Segen für „alle Geschlechter der Erde". „Und er wanderte aus, ohne zu wissen, wohin ihn der Weg führte" (Hebr 11,8). Es ist dieses Verhalten, das die Bibel *Glauben* oder *Trauen* nennt.

Der selbstbewusst-pragmatische Mensch wird sagen: Warum sollte ich so etwas tun wie Abraham? Meine Wurzeln verlassen? Wegziehen vom Boden unter meinen Füßen, von dem, was ich sehen, greifen, berechnen, kontrollieren kann? Mich auf etwas ganz Ungewisses einlassen, wo ich nicht weiß, wo es hinführt, wie es endet? Wie käme ich dazu?

Ja, wie kommt jemand auf so etwas?

Vielleicht, wenn ihm einsichtig wird, dass ihm damit nicht etwas ihm völlig Fremdes, Widersinniges zugemutet wird, sondern etwas, das ihm im Ansatz, in der Grundbewegung schon vertraut ist.

Was die Bibel von Abraham erzählt, ist etwas, das im Prinzip auch zu unser aller Leben gehört.

Ein wesentlicher Zug in *jedem* Leben.

Zu jedem Leben gehört nämlich immer wieder der *Exodus*, der Auszug. Nicht selten erfahren wir – jede(r) von uns – das Ausziehen- oder Wegziehenmüssen von einem Land, wo wir uns wohnlich eingerichtet haben, in ein neues, unbekanntes Land. Es gibt Zeiten, wo es uns wegzieht, weg von vertrautem Grund und Boden, in eine unbekannte, gar unheimliche Weite. Mehrmals im Leben verlassen wir eine wohlvertraute, bequem gewordene Form (z.B. Kindheit, Jugend) und brechen auf ins Unbekannte, wo – wie wir hoffen – eine andere, noch unerkennbare Form, ein neues Land und Haus auf uns warten.

Und jedes Mal ist untergründig Angst dabei, die solche Bewegungen des Auszugs begleitet – handle es sich um eine neue Lebensphase, Berufsfindung, eine andere Arbeitsstelle, eine neue Beziehung, um Familiengründung, einen Verlust, Krankheit, Tod. Und wer eigene Kinder hat, erlebt deren Auszüge in unbekannte Zukünfte erneut mit, wie an einem Stück von sich selbst.

Doch auch dies will *das Modell Abraham* uns sagen: Du darfst, ja sollst solche Veränderungen, solche Orts- und Formwechsel jeweils auffassen *als Ruf Gottes* an dich. Dass *ER* dich in all dem ruft und dich geleiten will. Dass ER dir neues Land, neuen, fruchtbaren Boden eröffnen will. Dass ER deinen Auszug begleitet und dein Vertrauen aufruft – IHM zu trauen, dass ER selber dein fester Boden in und unter all dem ist und sein will. Natürlich weißt du *Konkretes* nicht im voraus. Aber später, wenn du angekommen bist und zurückschaust, wird es dir ins Auge fallen: du bist einen vielleicht gewundenen, manchmal schmerzlichen, jedoch folgerichtigen Weg auf festem Boden gegangen!

Auf dem Weg freilich, *während* des Auszugs, *im* Prozess, wenn Probleme kommen, Angst sich rührt, da lauert das Misstrauen, das sagt: Nie und nimmer hättest du dich darauf einlassen dürfen!

Hättest auf der sicheren Seite bleiben müssen, bei dem, was du in der Hand hattest, statt etwas so Unsicheres, Riskantes einzugehen! Und der Gedanke beschleicht einen: Ein Unstern, ein schlimmes Schicksal, ein böser Geist hat mir das eingebrockt!

Es ist der gleiche Verdacht, den Israel als wanderndes Volk in der Wüste äußert: Nicht zu unserer Rettung sind wir hierher geführt worden, sondern „um uns, unsere Söhne, unser Vieh verdursten", sterben zu lassen (Ex 17,3ff). Vertrauen führt zum Tod, nicht zum Leben, sagt angstvoll der Verdacht.

Das ist die Anfechtung im Dunkel, beim Gang durch die Schlucht der Todesschatten. Der *erfahrene* Beter fügt hinzu: „Ich *fürchte nicht* Böses, denn *DU* bist mit mir" (Ps 23). Dem, der – trotz seiner Angst – vertrauend sich hinaus wagt ins Dunkle, Unbekannte, dem zeigt sich, dass er hindurch getragen wurde, weil (so deutet das wach werdende Vertrauen) ER *trägt,* wer sich ihm anvertraut; dass ER stärker ist und in Nöten rettend zum Vorschein kommt.

Ein solch abrahamitisches Vertrauen braucht nicht nur der einzelne Mensch und Christ für sein persönliches Leben. Auch die Gemeinden und Gruppen in der Kirche, die Entscheidungsträger in ihr, ja die Kirche insgesamt bedarf des wagenden Vertrauens auf Gott, sodass sie, wie Abraham, zum Segen, vieler Menschen, vieler Völker werden. Denn Abrahams Vertrauen schließt *Mut* ein, viel Mut. (8)

Abrahamitisch-mutiges Vertrauen benötigen endlich auch all jene Menschen und Gruppen in der Welt, die, jenseits der Kirchengrenzen oder auch jenseits deren Toleranzgrenzen, sich auf den Weg machen für eine humanere, gerechtere, versöhntere Welt und für entsprechend gerechtere, rücksichtvollere, Frieden fördernde Strukturen: all jene Menschen, die der unvergessliche Erzbischof der Armen, *Dom Helder Câmara* von Recife (Brasilien), im Blick hatte und als „abrahamitische Minderheiten" bezeichnete. (9) Veränderung der Welt im Licht von Gottes Menschenliebe – darauf zielt der Heraus-Ruf Gottes an Abraham und seine ´Kinder`.

Von alldem weiß die Egoisten-Bibel nichts. Wer ihr Konzept zum Modell des Lebens nimmt, liefert sich – wie könnte es anders gehen? – tief reichendem Misstrauen aus, bleibt allein, unbetreut, im Dunkel nur sich und seinen Ängsten überlassen.

Nun gut!, werden hier manche sagen. Glaube, das heißt, wagendes Vertrauen, gehört zum Leben.

Aber *wem* kann und soll ich denn vertrauen? Es gibt ja so viele Götter und Weltanschauungen.

Was für ein Kriterium gibt es denn, gerade den christlichen Glauben zu wählen, dem Gott des Jesus Christus sich anzuvertrauen?

---

8 Vgl. dazu auch Kardinal *C.M. Martini,* in: Jerusalemer Nachtgespräche (Freiburg/Br. 2008), 50
9 *H. Câmara,* Die Wüste ist fruchtbar. Wegweisungen für die abrahamitischen Minderheiten (Graz 1972)

GEHEIMNIS DES GLAUBENS

Das ist auch für Christen nicht immer leicht zu entscheiden. Nicht wenige heranwachsende Christen entfremden sich der christlichen Botschaft, weil – so sagen sie – die Eltern, ´die Erwachsenen`, ´die Gesellschaft` überhaupt im Alltag so wenig nach dem christlichen Glauben lebten. Die Zehn Gebote der Bibel – so ist ihr Eindruck – gelten in der Kirche (auch da nicht immer), manchmal noch in der Familie; aber in der Gesellschaft, in Schule und Beruf, im Verkehr, in der Firma, in der Politik usw., „im normalen Leben" eben, da gelten andere Gebote, andere *Zehn* Gebote – etwa die folgenden:

1. Geld regiert die Welt

2. Jeder ist sich selbst der Nächste

3. Wie du mir, so ich dir

4. Ein Mensch ist des anderen Wolf

5. Man muß mit den Wölfen heulen

6. Erlaubt ist, was gefällt

7. Die Welt will betrogen sein

8. Einmal ist keinmal

9. Man lebt nur einmal

10. Nach mir die Sintflut!

Wir alle kennen diese Alternativ-Gebote; nicht wenige handeln nach ihnen. Erwachsene Christen haben in der Regel ein ´schlechtes Gewissen`: Wir leben in der Welt und „heulen mit den Wölfen", weil (so fühlen wir) uns gar nichts anderes übrigbleibt, wenn wir uns und die Familie durchbringen wollen. Christlich handeln wir in der Regel nur, wenn wir uns – selten genug – einmal frei, statt unter Zwängen, fühlen. Wenn wir alle ununterbrochen nach diesen Geboten handeln würden, wäre unsere Welt eine gnadenlose Wildnis. Denn es sind die Regeln des *Dschungels*. Für sie spricht: Sie erscheinen wie selbstverständlich, ohne wirkliche Alternative. Oder spüren wir Menschen etwa nicht, wie bedroht und vergänglich unser Dasein ist? Sind wir deshalb nicht verständlicherweise geneigt, unser Stück Leben mit seinen Chancen und Glücksmomenten an uns zu raffen und wie eine Beute festzuhalten?

Ist es im Dschungel nicht so, dass, was immer einer loslässt, hergibt, anderen einräumt, dass ihm das unwiederbringlich verloren geht? Überall fühlt man sich umstellt von Raubtieren (Löwen, Hyänen, Schakale, Geier), die einen verdrängen, einem das Seine wegschnappen wollen. Ist umgekehrt unser Leben nicht davon bestimmt und abhängig, was wir daraus – aus unseren Möglichkeiten – machen ?

Es ist die schiere Not der Selbsterhaltung, der Zwang zur Selbstbehauptung, was uns so oft das Befolgen der Regeln des Dschungels aufzwingt. Die anderen Menschen – selber hinein geboren in die Not aggressiver Selbstbehauptung wie wir – erscheinen zwangsläufig als Rivalen, nicht selten als Feinde.

Gibt es dazu eine Alternative? Man muss sich durchsetzen können, sonst gilt man als lebensuntüchtig. Wenn es friedlicher ginge – schön wär`s!

In diese unfriedlich-harte Welt ist Jesus eingetreten: als Zeuge einer Alternative, eines Gottes- und Menschenfriedens. Doch schon 400 Jahre davor beschrieb der altgriechische Philosoph *Platon* das absehbare Schicksal des Gerechten in dieser Welt: Der Gerechte, sobald er erscheine, werde gefesselt, gegeißelt, gefoltert, geblendet und – nach allem Leiden – schließlich gepfählt werden. (10)

Eine leider realistische Voraussage. Sie spiegelt die Logik dieser Welt, die Gesetze des Dschungels.

Aber das ganze Zeugnis dieses Jesus ist damit noch nicht erfasst .

10 Der Staat II 361e - 362a

An Jesus muss den Menschen, die ihn kennenlernten, aufgegangen sein, dass er ein anderes Lebensmodell lebte – bis in den Tod. Von Jesus drohte nicht nur keine Gefahr oder Feindschaft, er erschien vielmehr als Helfer und Hilfe in Person (11): den Armen, Ausgestoßenen, Beiseitegeschobenen, Sündern zumindest – weniger den Mächtigen, die jeden, den das Volk verehrt, als Rivalen verdächtigen. Wie seine Konflikte zeigen, war auch Jesus aggressiv begabt. Dennoch wurde den Menschen klar: Jesus versteht und übt sein Leben nicht in aggressiver Selbstbehauptung gegen sie. Er sagt ihnen, „der Vater im Himmel" wisse, was sie bräuchten; sie stünden in seiner Obhut nicht weniger als die Feldlilien und die Vögel, die keine Erwerbsarbeit kennen, die Menschen müssten sich deswegen nicht bekriegen; vielmehr sollten sie füreinander Sorge tragen wie für sich selbst. Und als es für ihn gefährlich wird, weil er die Rechnungen der Mächtigen in Frage stellt, da will er, daß das Schwert in der Scheide bleibe (Joh 18,11 Par), und fordert keine himmlischen Legionen an zur Abwendung von Verhaftung und Hinrichtung (Mt 26,53).

Er lebt das Modell des „Gehorsams" – unter diesen Begriff fasst die Bibel sein Grundvertrauen, dass ein Anderer sein – Jesu – Leben behaupten werde. Eben dies steckt hinter dem Osterzeugnis der Jünger.

Sie bezeugten die Erfahrung, daß jener *Andere,* dem Jesus sich in Leben und Sterben anvertraut hatte, ihn gegen die Mächte Bosheit, Hass, Gewalt und Tod *behauptet* und *erhalten* hat. Das meint auch das Bildwort von der Himmelfahrt Jesu: eine *Wolke* (ein altes biblisches Sinnbild für Gott) *nahm ihn weg von den Augen* und dem Zugriff der Menschen (Apg 1,9).

Indem Jesus „seinen Vater" auch uns zum Vater gibt („So sollt ihr beten: Vater Unser" – Mt 6,9; Lk 11,2), lädt er ein, unser Leben gleich ihm und mit ihm zu wagen im Vertrauen auf den „Vater", damit wir erfahren, was er erfuhr: Befreitsein von Angst um sich selbst, Befreiung der Energie aggressiver Selbstbehauptung zum Engagement für andere – für den Erhalt *ihres* Lebens, *ihrer* Rechte, *ihres* Glückes. Das heißt Nächstenliebe ganz prosaisch und konkret.

Doch wird hier wieder das *Dilemma* fühlbar, in dem wir stecken: Allzu oft sind diese Nächsten Wölfe. Die Gehirnwäsche, die uns die Gesellschaft auferlegt, empfiehlt: „mit den Wölfen heulen" und: „Jeder muß selber sehen, wo er bleibt"! Ein Dilemma, das auch überzeugten Christen zu schaffen macht.

Allzu oft erzwingt nackte Existenzangst oder Verantwortung für die Familie „wölfisches" Verhalten.

Das war dem Apostel Paulus wohl bewusst, da er das Leben seiner Mitmenschen und Mitchristen oft und lange teilte. Er wusste nur zu gut, dass man sich nicht alles gefallen lassen kann, dass man sich auch kräftig wehren muss, wenn andere einem hart zusetzen, und hat es selbst mehrfach getan, wie die Apostelgeschichte bezeugt. Deshalb mahnte er die Christen in Rom ganz realistisch: „Wenn es von euch aus möglich ist, lebt mit allen Menschen im Frieden!" (Röm 12,18).

Aber ihm war noch ein anderes Problem bewusst. Nicht zufällig in der Ich-Form klagt er: *Das Gute zu wollen liegt in mir, doch es zu verwirklichen – nicht; denn nicht das Gute, das ich will, tue ich, sondern das Böse, das ich nicht will, praktiziere ich. Wenn ich aber tue, was ich nicht will, bin nicht ich es, der es realisiert , sondern die in mir wohnende Sünde* (Röm 7,18ff). Er schließt: *Ich unglücklicher Mensch, gefangen im Gesetz der Sünde in meinen Gliedern* (Röm 7,23f).

Realistisch nimmt Paulus das menschliche Unvermögen zum Gutsein zur Kenntnis. Unter „Sünde" versteht er hier die in uns sitzende Selbstsucht und Neigung auch zum Bösen. Sie hat Macht über uns, weil wir uns unter den Bedingungen einer harten, oft rücksichtslosen Welt behaupten müssen.

---

11 „Er selbst war die Therapie, die er spendete": *H. Wolff,* Jesus als Psychotherapeut (Stuttgart 1978), 12; *E. Biser,* Der Helfer (München 1973), 156ff; *ders.,* Der Therapeut, in: Der inwendige Lehrer (München 1993), 141-157

Diese Selbstbehauptung gelingt uns manchmal nur unter Einsatz der Ellbogen, sogar unter Einsatz des Bösen im Planen und Tun. Auch wenn wir es nicht wollen, übermächtigt uns zeitweise diese böse Selbstsucht. „Sünde" heißt diese Neigung in uns, weil sie dem, was Gott von uns will und was er uns in Jesus gezeigt hat, entgegengesetzt ist. Nicht selten hat auch ein gläubiger Christ schon feststellen müssen: ʻIch will ja gut sein, ich wollte auch in diesem Falle gut sein, doch dann tat ich, was ich nicht wollte, und jetzt kann ich nur sagen: Es tut mir Leid!ʻ

Doch hat er, wie Paulus selbst, eine tröstliche Gewissheit: *Wenn aber der Geist dessen, der Jesus von den Toten auferweckte, in euch wohnt, wird er, der Jesus auferweckt hat von Toten, auch eure sterblichen Leiber lebendigmachen durch den euch einwohnenden Geist* (Röm 8,11). Paulus rät den Christen, sich vom Geist treiben zu lassen zu alternativem Handeln, alternativ zu dem der Welt, des „Fleisches" (v 13f). Er weiß, wir können zu unserer Rettung aus dem Bösen nur „mit Furcht und Zittern" etwas dazutun; *denn Gott ist es, der in euch das Wollen und das Vollbringen wirkt* (Phil 2,12f). Doch erneut weiß er Trost: *Wer will Gottes Erwählte* [die Christen] *anklagen? Gott ist es, der gerecht spricht. Wer kann sie verurteilen,* wenn Christus selbst für sie gestorben ist (Röm 8, 13f). Ein anderer urchristlicher Tröster fügt an: *Wenn unser Herz uns verurteilt, Gott ist größer als unser Herz und weiß alles* (1Joh 3,20).

Das Christentum ist nicht bloß eine Moral, so als liege es nur am Willen der Christen, ob sie christus-förmig handeln oder nicht. *Normal* ist vielmehr adamisches „mit den Wölfen heulen", handeln nach Prinzipien der Art „Wie du mir, so ich dir", „jeder ist sich selbst der Nächste", usw. Normal ist, dass die Weltmenschen mitleidig lächeln über die „Naiven", die noch „an das Gute im Menschen glauben".

Über sie schrieb *Heinrich Böll* einmal: *Unter Christen ist Barmherzigkeit wenigstens möglich, und hin und wieder gibt es sie: Christen, und wo einer auftritt, gerät die Welt in Erstaunen.* (12)

Warum ist das so? Handelt ein Mensch einmal anders, alternativ, geschieht vor unseren Augen ein *Wunder*, vollbringt Gott an und in einem Menschen eine kleine *Auferstehung vom Tode*, eine Befreiung von der Fessel der Sünde. In wirklich selbstlosem, rein wohltuendem Verhalten eines Menschen ereignet sich, hier und jetzt, eine kleine *Himmelfahrt Christi;* wir, die Zeugen, werden mit dem Wohltäter hinauf genommen, in die „Wolke", für einen Augen-Blick, dürfen einen Blick tun, wie durchs Fenster, in den *neuen Himmel und die neue Erde,* die Gott für uns, aber auch mit und durch uns schafft. Doch dann werden wir wieder auf dem hartem Erdboden abgesetzt: *Was steht ihr da und starrt zum Himmel?* (Apg 1,11) – und erinnert an unseren Auftrag: *Ihr werdet Kraft des auf euch kommenden Heiligen Geistes empfangen und sollt meine Zeugen sein ... bis zum äußersten Rand der Erde* (v 8).

Vor vielen Jahren schrieb *Roger Schutz,* der Prior von *Taizé,* über den ermordeten schwarzen Bürger-rechtskämpfer *King:*

Jeder Mensch wird bewohnt von der Gewalt, auch Martin Luther King. Doch der Gebrauch, den er von ihr machte, war so selbstlos, dass in ihm ein Anderer sichtbar wurde. (13)

In dieser Bemerkung wird der christliche Glaube als Alternative erkennbar. Die anfängliche Rede vom „Nutzen des Glaubens" hat uns zur Erkenntnis des Glaubens als *Alternative* geführt. Es ist auch deutlich geworden, dass man – ab einer gewissen Stufe – den Glauben nicht mehr nur plausibel machen kann; wer ihn näher kennenlernen oder sich in ihm besser auskennen will, muss ihn auch wagen; muss sich in ihm und ihn in sich erproben, um weiter und tiefer zu schauen, um wahrzunehmen, wie begründet seine Alternative ist.

Der folgende Abschnitt ist auch das Zeugnis einer gläubigen *Schau.*

12 *H. Böll,* Eine Welt ohne Christus, in: *Kh. Deschner,* Was halten Sie vom Christentum? (München 1957), 23
13 *R. Schutz,* Violence des pacifiques (Taizé 1968), 218 (dt. Übersetzung der Stelle: *K. Fischer*)

MITAUFERSTANDEN

Viele vergleichen das Menschenleben mit einer Kurve: erst steigt sie vom Nullpunkt auf bis zum Zenit, bis zum Leistungshöhepunkt, der – individuell verschieden – zwischen dem 30. und 45. Lebensjahr liegt. Danach zeigt die Kurve nach unten und fällt immer steiler ab gegen 0 – dem Ende zu. Viele sagen, das zeige, wie sehr wir Menschen *Natur*wesen seien: wie die Blumen blühen wir auf im Frühling des Lebens und verwelken im Herbst, bis schließlich der Schnee unsere Gräber zudeckt. Dieses verbreitete Gleichnis erzeugt Unruhe im Leben vieler Leute: sie möchten die biologische Blütezeit ihres Lebens optimal nützen und suchen nach Möglichkeiten, sie zu verlängern. Man möchte die Glücksmomente und Genüsse der Lebens-Party auskosten „bis zum Abwinken", ehe man sich wieder einfügt in den natürlichen Kreislauf von Werden und Vergehen. Manchen – sehr vermögenden – Leuten ist auch das nicht genug. Sie ließen und lassen sich, unmittelbar nach dem Tod, einfrieren und in eine Tiefkühltruhe legen in Erwartung ihrer künftigen „Auferweckung", und zwar durch den „weißen Herrgott", eine zukünftige Koryphäe der Medizin, sobald diese die Krankheit, die ihnen den Tod gebracht hat, kurieren könne. Nicht wenige versprechen sich eine vergleichbare Wirkung vom *cloning*:
das Nonplusultra wäre es, ich könnte, wenn mein „alter Mensch", krank und hinfällig geworden, sich auflöst, als „neuer Mensch", nämlich als exakte, doch jüngere Kopie meiner selbst weiterleben, undsoweiterundsofort ...
Die christliche Botschaft setzt ganz anders an: Sie sieht die Menschen immer wieder in die gleiche Sackgasse laufen, wenn sie, die Vergänglichen, meinen, sie könnten mit vergänglichen Hilfsmitteln die Vergänglichkeit, den Tod selbst, überwinden. Der christliche Glaube sucht den Lebenden nicht bei den Toten, sondern bei Gott – dem *Leben selbst*.
Das Evangelium bezeugt: Der, der ganz *unten* war in der Nacht des Todes, noch *tiefer* unten als die meisten Sterblichen, weil er den Tod der öffentlichen Verachtung sterben musste, der wurde *erhoben* – *von Gott* erhoben: zu seiner Rechten, zur Seite seiner eigenen Ehre und Macht.
Diese Erhebung, Erhöhung ist auch *uns* zugedacht durch ihn, „der für uns eintritt" (Röm 8,34; Hebr 7,25). Davon sollen die Jünger „zeugen" bis zum Rand der Erde (Apg 1,8).
Zeugenschaft setzt voraus, dass man verstanden hat. Daher müssen die Jünger lernen und wegkommen von verkehrten Fragestellungen und Perspektiven: von Fragen wie: Wann ist es soweit? Wann passiert endlich etwas? Wann bringt Gott uns die bessere Welt? (Apg 1,6f). Und: *nicht* zum Himmel ´gucken` (v 11), d.h. nicht in eine passive, rein abwartende Haltung fallen, in die Haltung von Zuschauern und Wetterbeobachtern ... Vielmehr begreifen: es geschieht etwas *an uns* und *mit uns* von Gott her und durchwirkt wie Sauerteig unser Leben, unsere Welt!
´Gucken` und Abwarten helfen nicht, denn die „Wolke" (altes biblisches Sinnbild für Gott) entzieht den, den ER erhöht, den Augen, der Neugier, den Gaffern.
Gott erhebt auch uns (wir sehen es nicht, wir wissen nicht wie), indem ER uns die Dynamik seines „Geistes", die Dynamik seiner Lebenskraft schenkt.
In seinen großen Briefen sieht Paulus den christlichen Weg in eins mit dem Geheimnis von Tod und Auferstehung, mit Jesu Gang durch den Tod in (neues) Leben:

„Wir wurden mit ihm (Christus) begraben durch die Taufe auf den Tod; und wie Christus durch die Herrlichkeit des Vaters von den Toten auferweckt wurde, so sollen auch wir als neue Menschen leben" (Röm 6,4)

Der Glaube wird verstanden als Lebensgemeinschaft der Gläubigen mit Christus. Eine Gemeinschaft sowohl des Sterbens aus dem alten Leben wie auch des Eintritts in neues Leben:

„Wohin wir auch kommen, immer tragen wir das Todesleiden Jesu an unserem Leib, damit auch das Leben Jesu an unserem Leib sichtbar wird. Denn immer werden wir, obwohl wir leben, um Jesu willen dem Tod ausgeliefert, damit auch das Leben Jesu an unserem sterblichen Fleisch offenbar wird" (2Kor 4,10f)

Solche Sätze haben nichts Morbides, sind keine Äußerungen von Leidens- oder Todessehnsucht. Sie formulieren vielmehr die realistische Erfahrung von Christen: Leben heißt Leiden. Dies jedoch in Gemeinschaft mit Jesus. Der Christ, der seine Berufung *ernst* nimmt, bekommt Anteil an der Leidensgeschichte Jesu: d.h. an Unverständnis, an Hohn und Spott, an Feindschaft von seiten derer, die den christlichen Weg für falsch, für schwächlich, für illusorisch und lebensfeindlich halten. Diese Gegnerschaft ist unvermeidlich, denn Menschen, für die nicht das (neue) Leben, sondern der Tod das letzte Wort über das Menschenleben hat, können Gottes *Menschenfreundlichkeit* hinter dem christlichen Weg nicht erkennen.

Da hilft kein Streiten, da hilft – zu gegebener Zeit – nur noch das Zeugnis. Das Zeugnis eben, dass Christen *„Menschen"* sind, *„die vom Tod zum Leben gekommen sind"* (Röm 6,13), und zwar durch die *ruach*, das *pneuma,* den Lebenshauch Gottes (genannt „Heiliger Geist"), der uns als „Anzahlung" (2Kor 1,22; 5,5) ewig-unvergänglichen Lebens geschenkt wurde. Ein so *reales* Geschenk, dass Paulus folgert, in der Kraft dieses (geistlichen) Geschenkes *können und* „sollen auch wir als neue Menschen leben".

Denn wir tragen eine göttliche Lebenskraft ins uns, die entgegen dem Augenschein und der sinkenden Lebenskurve uns aufrichtet und aufbaut:

„Auch wenn unser äußerer Mensch aufgerieben wird, unser innerer Mensch wird erneuert Tag für Tag" (2Kor 4,16).

Es ist eine andere *Vitalität* als die biologische, die uns da zuteil wird; ein quasi gegenläufig zum Alterungsprozess verlaufendes *Wachstum*: ein Reifen, Unterscheidenlernen von Wichtigem und Unwichtigem, Bleibendem und Vergänglichem, Weitung des Herzens, Hineinwachsen in selbstlose Liebe, wachsendes Erspüren des Gottgeheimnisses, das in der Liebe gründet. Jugend ist oft eher dem Äußeren, Vordergründigen, Rationalen zugewandt. Doch *„nicht der Verstand, das Herz erspürt Gott – darin liegt der Glaube"*, bezeugt der früh vollendete Pascal. Erst später im Leben, nach vielen Kämpfen (siegreichen und, oft auch, verlorenen), hinein gereift in Lauterkeit und Weisheit, mögen viele erkennen: *„Wer in der Liebe bleibt, bleibt in Gott, und Gott bleibt in ihm"* (1Joh 4,16).

Dieses *geheimnisvolle Wachstum* erfahren wir inmitten von Bedrängnissen, Versuchungen und Nöten: wenn wir – menschlich gesprochen – am Ende sind, werden wir „mit brennenden Herzen" (wie die Emmausjünger) aufwärts geführt, wachsen der Liebe und dem wahren Leben erst entgegen. Dann fallen Ostern und Himmelfahrt für uns „an jenem Tag" zusammen. *„An jenem Tag"* – nur Bilder lassen noch ahnen – wird der Auferstandene unsere Mitte sein und sein Brot und seinen Wein *in Fülle* mit uns teilen – und keiner wird mehr hungern, keiner mehr durstig sein.

DIE ERWECKUNG DES JÜNGLINGS VON NAIN

Die Frage nach dem Tod bleibt ein leidiges Thema für uns Menschen, zumal wenn der Tod noch junge Menschen aus dem Leben reißt. „Er/sie hatte doch noch so viel vor sich!" Erschüttert stehen die Älteren an der Bahre eines jungen Menschen. Sie können es nicht fassen, sind verzweifelt: *Warum*?

Gibt es keinen Trost? Keinen!, sagen viele. Glaubt man den Umfragen, die von Zeit zu Zeit veranstaltet werden, so glauben die wenigsten Menschen an ein Leben nach dem Tod (Christen inbegriffen).

Ein Prominenter, im Interview gefragt, ob er an Gott glaube, antwortete, wie aus der Pistole geschossen, mit *Nein*! Als er, im selben Interview, gefragt wurde, was er täte, wenn er wüsste, dass morgen sein letzter Lebens-Tag sei, erklärte er, dann würde er mit Freunden feiern und zum Abschluss auch noch beichten – da man ja bekanntlich nie wisse ...

Einem solchen Zeitgeist tritt das Evangelium von der Erweckung des jungen Toten von Nain gegenüber. Lassen wir die bekannte Erzählung kurz Revue passieren – in den Einzelheiten gibt es noch etwas zu entdecken.

Jesus und die Jünger begegnen einem Trauerzug *vor* der Stadt (bis heute liegen jüdische Friedhöfe außerhalb des Wohngebietes). Der Tod eines jungen Mannes ist sicher festgestellt. Man ist unterwegs, um jede Hoffnung zu begraben. In wenigen Worten wird die ganze Not zusammengefasst: der einzige Sohn einer Witwe, der Stammhalter, Ernährer, die einzige Stütze für die Frau im Alter. Nun ist sie völlig arm, der Lebensnot ungeschützt ausgeliefert. Zwar wird das Bild gemildert durch die Menge der Anteilnehmenden. Doch weiß man nur zu gut, wie rasch Betroffenheit und Mitleid der Leute nach dem Begräbnis wieder verebbt und man sich der Tagesordnung zuwendet, wozu die arme Frau vielleicht noch lange nicht fähig sein wird. Bei den biblischen Propheten ist *„Trauer um den einzigen Sohn"* häufiges Bild für bitterste, ausweglose Trauer und Verlorenheit.

Als *„der Herr"* sie sieht, erbarmt er sich. Ur-Merkmal Gottes ist nach der Bibel das Erbarmen – so sehr, dass Jesus die Jünger mahnen kann: *„Werdet barmherzig, so wie auch euer Vater erbarmend ist!"* (Lk 6,36) Darum auch die Aufforderung an die Witwe: *„Klage nicht!"* Das meint nicht ´Reiß dich zusammen!`, sondern bedeutet: das Erbarmen Gottes kommt zu dir!

Die Szene ist feinsinnig gestaltet. Wie wir wissen, hat ein Trauerzug normalerweise ´Vorfahrt`: die ihm begegnen, halten inne, verneigen sich – Ehrfurcht vor dem Tod und seiner All-Macht. Hier ist es umgekehrt: der Zug der Lebenden, angeführt von Jesus, hält den Todeszug an, stoppt das Werk des Todes. Das Leben übernimmt die Herrschaft, hat nun das Sagen. *„Klage nicht!"* Heißt: Es kommt die Zeit des Lebens und der Freude zu dir!

Indem *„der Herr"* den Kastensarg berührt, kommt der Trauerzug zum Stehen. Die Berührung, der Kon*takt* ist bereits eine Geste der Übertragung von Leben und Kraft. Zugleich Frontstellung gegen die Todesherrschaft, da nach dem mosaischen Gesetz jede Art von Toten-Berührung oder von Gegenständen des Toten unrein macht und das Betreten des Gotteshauses verbietet.

Das zum Toten gesprochene Wort „steh auf!" lässt an Jesu eigene Auferstehung denken. Und wie in der Schöpfungserzählung spricht Gott, spricht der Herr *„Es werde – und es ward so ..."* So hier: Der Herr spricht *„Steh auf!"* (gemeint ist: ´Auferstehe!`), und der Tote setzt sich auf.

Und der Herr „gab ihn seiner Mutter": ihre Not ist behoben, die Witwe ist mit-geheilt, mit-auferstanden in neues Leben.

Jesus tut also Gottes Werk – und die Menge erkennt es und preist Gott, dass er sich *seines Volkes* angenommen habe; die Menge erfasst: mit der Wende dieses einzelnen Schicksals kommt Gott erbarmend auf sein Bundesvolk neu zu!

Die Evangelien kennen nur wenige (3) Totenerweckungen, jedoch zahlreiche Krankenheilungen. Im Altertum war man der realistischen Auffassung, wer krank sei, wem die Lebenskraft schwinde, der befinde sich schon mit einem Fuß im Grabe. All diese Zeugnisse von Krankenheilungen und Totenerweckungen wollen deutlich machen: Gott ist Gott des Lebens, nicht des Todes; gegen die Macht des Todes stellt er sein Erbarmen!

Dieses sein Erbarmen hat Gott – und hier gelangen wir vor die Mitte des Glaubens – in Jesus zur Person gemacht, zur Person und zugleich zum Bruder der Menschen.

Manche fragen: Wie hat Jesus denn das gemacht: diese Heilungen und Totenerweckungen? Sie wollen das *know how* wissen. Darüber kann man etwas sagen, aber nicht vordergründig-technisch. Nimmt man das gesamte Zeugnis der Evangelien zusammen, muss man sagen: Jesus weiß sein Leben in einem einzigartigen Gottesverhältnis aufgehoben. Er hatte – wie Abraham (und wie er es den Jüngern zumutet) „alles verlassen", alles, was sonst ein Menschenleben an sich bindet, und empfing sein Leben neu aus dem „*Vater*", Ursprung des Lebens.

Diese Gewissheit, in der Leben stiftenden Liebe des „*Vaters*" geborgen zu sein, war in Jesus derart lebendig und klar, dass sie sich als stärker wusste denn den Tod. Weil Jesus so im Tiefsten nicht mehr aus der Angst um sich selbst lebte, konnte er auch andere Menschen aus ihren Gefangenschaften befreien und erlösen. Indem er sich leidenden Menschen zuwendet, teilt er mit ihnen – bildlich gesprochen – das Brot, von dem er selbst lebt, das Brot, das für ihn die Liebe des „*Vaters*" ist. Dieses Brot ist – Christen feiern es an Pfingsten – *ruach, pneuma, der „Geist"*, den die Hl. Schrift als Lebenshauch Gottes kennt.

Weil Menschen Anteil bekommen – durch den „*Geist*", den göttlichen Lebenshauch – am „Brot des Lebens", am Gottesverhältnis Jesu, in Wort und Tat, darum gesunden sie und werden heil von ihrer innersten Mitte her. Das ist angezielt, wenn es an anderer Stelle im Evangelium heißt: „*Steh auf und geh! Dein Glaube hat dich heil gemacht!*" (Lk 17,19)

Von hier aus könnten wir begreifen, dass Jesus seinerzeit zwar eine lokale Berühmtheit als Wunderheiler gewesen sein mag (in Konkurrenz zu anderen Wunderheilern der Zeit), dass diese Heilungen für ihn jedoch nur „*Zeichen*" (wie das Joh-Evangelium sagt) waren, die man lesen, verstehen sollte.

Anders gesagt: sämtliche Kranke, die Jesus geheilt, die Toten, die er erweckt hat, sind später irgendwann wieder krank geworden, sind später verstorben (wäre es anders, wäre es überliefert). Verstehen sollten die Menschen mittels der Heilungen und Erweckungen, dass jene, die trauen, die glauben an die in Jesus ergangene Gottes-Botschaft und sie durch ihr Leben bezeugen, „*vom Tod zum Leben hinüber gegangen sind*" (1Joh 3,14). Tod in seiner äußersten, endgültigen Form ist nach Erfahrung der Menschen der Bibel die Ferne, das Getrenntsein von Gott – von Gott, der nach Erfahrung eben dieser Menschen *das Leben schlechthin* ist, das *wahre* und *volle* Leben, sowie der *Quell* von Leben. Ewiges Leben meint also keine bloße Wiederbelebung oder Wiederkehr in diese Raum-Zeit („*für ein paar Jährchen mehr*"), sondern bedeutet Sein-bei-Gott, unvergängliches Leben aus Gott. Das will eine Erzählung wie die Erweckung des jungen Mannes von Nain denen bezeugen, die nachdenklich und feinfühlig genug sind, es ahnend zu fassen.

Doch dieses tiefe Gottesverhältnis, aus dem Jesus lebte, sprach und heilte, bedarf des Schutzes.

Es braucht etwas, das viele Gestresste heute wieder entdecken im „*Kloster auf Zeit*". Jesus war in diesem Punkt konsequent bis zum Unverständnis der Mitmenschen, wie wir im Evangelium sehen.

DIE MEDIZIN DES HEILERS

Auf den ersten Blick scheint der Apostel *Paulus* pausenlos tätig gewesen, unaufhörlich herumgereist zu sein: weitgereister Missionar im Dienst der Verkündung des Evangeliums, schreibt er an seine Korinther Gemeinde, es liege ein „Zwang"(*anánke*) auf ihm, er „müsse" diesen unaufhörlichen Einsatz auf sich nehmen und durchhalten. Mehr noch: er habe sich für alle „zum Sklaven gemacht, um möglichst viele zu gewinnen" (EÜ). „Zum Sklaven gemacht (*edoúlôsa*)": man kann auch übersetzen: *zum Knecht* oder *Diener gemacht* (1Kor 9,16ff). Es ist klar, was er meint: im Dienst des Evangeliums ist er zum Diener und Helfer aller, zumal der Schwachen, geworden; darin hat er sein Leben verbraucht, ständig tätig und reisend. Er habe einen Auftrag empfangen, sagt er, und diesem Auftrag *frei* zugestimmt.

Der Auftrag nötigte ihn, seine persönliche Freiheit, seine Selbstbestimmung (tun und lassen zu können, was man will) aufzugeben und ein „Knecht Christi" (Röm 1,1; Phil 1,1; Gal 1,10) zu werden.

Der Apostel erscheint wie ein Getriebener: getrieben über die Straßen der Welt von Christus und seinem Evangelium. Manche Ausdrücke, zumal im griechischen Original, scheinen ein rastloses Sich-Verbrauchen im Gottes- , Christus- und Menschen-Dienst anzudeuten: er sei „gelaufen" (*dramein*), habe „sich abgemüht" (*kopiân* = sich müde arbeiten: Phil 2,16), er werde „geopfert"(*spéndesthai* = als Trankopfer ausgegossen werden: v 17), er „jage" (*diôkein*) nach dem Ziel (Phil 3,14).

Der Apostel-Dienst scheint – erwägt man das Beispiel des Paulus – kein Innehalten, Abschalten, keine freie Zeit, geschweige denn Freizeit zu kennen.

Wer daraus schon das Ideal des Apostel- und Missionar-Dienstes ableiten will, erliegt jedoch einer Verkürzung der Perspektive. Denn die Paulus-Briefe enthalten, bei aller tief dringenden Reflexion, Moment-Aufnahmen seines Wirkens, belastet durch die von Paulus ständig empfundene Not, sich und seine Auslegung der Frohbotschaft zu rechtfertigen. Seine tiefschürfenden Briefe hätte er ohne Zeiten der Besinnung (und gelegentliche Zwangspausen) nicht abfassen können

Die zeitlich und sachlich anders angelegten Evangelien bringen wichtige Ergänzungen. Zum Beispiel Markus: Zunächst ist davon die Rede, dass Jesus in Kafarnaum „viele heilte" (Mk 1,34): zuerst die Schwiegermutter des Petrus, dann alle möglichen Patienten des Städtchens. Bemerkenswert ist, dass nicht gesagt wird, Jesus habe „alle" geheilt, sondern „viele", obwohl es einleitend heißt, die Leute hätten „alle" Kranken und Besessenen zu ihm gebracht (1,32). Immerhin heilte er so viele, dass das so weitergehen könnte mit dem Heilen, so denken anscheinend die Leute. Am nächsten Morgen finden sich weitere Kranke und Angehörige vor dem Haus ein: vielleicht jene, die am Vorabend nicht geheilt wurden, vielleicht auch Menschen aus der Umgebung. So viele, dass *alle,* die Leute, die Jünger, ihn „suchen". Doch Jesus ist gar nicht da. Er hat sich dem Ansturm „in aller Frühe" (v 35) entzogen an einen „einsamen Ort, um zu beten". Jesus weiß sich, wie nach ihm Paulus, im Dienste dessen, der ihn gesandt hat, nämlich als „Knecht" Gottes (Apg 3,13.26; 4,27.30). Er sucht die Einsamkeit, um Luft zu schöpfen, wieder zu Atem zu kommen. Er hatte am Abend und bis in die Nacht viele geheilt. Die Gabe zu heilen ist verführerisch, für alle Beteiligten. Der Erwartungsdruck steigt und steigt, die ganze Not der Welt möchte daherkommen. Und dem Heiler wird, neben viel Zuneigung, große Macht über Menschen zuteil, und es wird ihm bewusst. Er hätte ausgesorgt, bräuchte in seinem Leben nichts anderes mehr zu tun als heilen. Auch wenn er immer nur einige wenige Menschen heilen würde, die Nachfrage nach ihm würde nie versiegen. „Alle suchen dich!" Ein schönes Gefühl. Aber vielleicht auch ein „Zwang", wie Paulus seinen Auftrag empfindet. Und Jesus, der von allen gesuchte Therapeut, fühlt die Notwendigkeit, sich neu zu sammeln.

Den Heil- und Prestigeerfolg bei den Menschen *aus*zuatmen. Seine Sendung von Gott her wieder neu *ein*zuatmen. Sich seiner Sendung neu zu vergewissern und naheliegende Versuchungen abzuwehren.

Das kann er nicht, wenn die Leute sich um ihn drängen. Auch nicht zusammen mit den Jüngern: die erliegen zu leicht dem Erwartungsdruck der Menge: „Alle suchen dich!", sagen sie, als sie ihn finden. Man hört den vorwurfsvollen Unterton derer, die „ihm nacheilten". Das ist freundlich übersetzt.

Der griechische Ausdruck (katadiôkein) sagt genauer übersetzt: „sie jagten ihm nach", „sie verfolgten ihn". Sie haben keinen Morgenspaziergang gemacht, sondern sind ihm hinterher gehastet, keuchend und schwitzend, getrieben von den Vorhaltungen der Leute: Wo bleibt er denn?! Es kann doch nicht sein, dass er nicht da ist! Wir sind extra früh aufgestanden ..., extra den langen Weg von X hergekommen! usw.

Den Jüngern ist die Sache peinlich. Und der Druck der Menge entlädt sich in der Vorhaltung: „Alle suchen dich!"

Doch Jesus hat sich gesammelt, widersteht dem Druck: „Lasst uns anderswo hingehen, in die umliegenden Ortschaften, damit ich auch dort verkünde; denn dafür bin ich hergekommen!" (v 38).

Jesus weiß nicht nur, was er will, er weiß auch, was er soll, was sein Auftrag ist. Er hat sich dessen in der Einsamkeit neu vergewissert. Um seine Sendung nicht zu gefährden, zeigt er Mut und Entschlossenheit, die vielen Leute in Kafarnaum dort stehen und – umsonst! – warten zu lassen. Man kann sich Enttäuschung und Bitterkeit der verlassen Wartenden ausmalen. Doch Jesus weiß, dass die am Vortag vollbrachten Heilungen nur Zeichen sind (Mk 2,10.17; Mt 11,2ff); dass die Heilung, für die er gekommen ist, viel tiefer ansetzt. Dass es nicht darum geht, nur ein (noch so schmerzhaftes) Symptom am Menschenleben zu heilen, sondern dieses Leben selbst an der Wurzel. Dass er gesandt ist nicht nur, um leidende Menschen vor zu frühem Tod zu bewahren, sondern, durch den Dienst seines Lebens, Gott selbst „alle Tränen in den Augen" der Menschen „abwischen", Leid und Tod „für immer beseitigen" zu lassen (Jes 25,8; vgl. Apk 21,4).

Diese Alternative lässt sich noch vierfach schärfer darstellen: Am Heilungswillen von Kranken, an den Modellen von Maria und Martha (zum Verhältnis von Hören und Tun) und am Sinnbild des Kreuzes, in Jesus zum Symbol für Gottes unerschütterliches Ja zu uns Menschen geworden. Daraus ergibt sich die Frage, inwiefern das Kreuz in das Leben von Christen hineingehört.

"WILLST DU GEHEILT WERDEN?"

Typisch für die Erzählungen von Heilungen, die Jesus vollbringt, ist das *Vertrauen* des Patienten oder seiner Angehörigen. Nach Mk 7, 31-37 in nichtjüdischem Gebiet (Dekapolis), sind es wohl die Angehörigen oder Freunde, die den Taubstummen bringen: sie bekunden Vertrauen zu und in Jesus.

Auch heutige Mediziner und Therapeuten wissen, dass sie im Letzten nur Assistenten sind. Nicht nur bedürfen sie des Vertrauens ihrer Patienten, es bedarf noch mehr. Redensarten wie „Die Natur muss es machen!" oder „Patient/Patientin muss gesund werden *wollen*" zeigen an: Ärztliche Kunst kann den Selbstheilungskräften und dem Gesundungswillen der Menschen nur assistieren, dienen. Auf sie können auch Ärzte und Pflegekräfte nur vertrauen. Auch der Patient muss Vertrauen haben: in die eigenen Heilungskräfte, in den Sinn einer Gesundung und seines/ihres Lebens überhaupt. Im Joh-Evangelium fragt Jesus einmal einen Langzeit-Kranken: „Willst du gesund (*hygiês*) werden?"(5,6) Erst als der bejaht, heilt er ihn.

Solche Fragen kommen nur gesunden Menschen überflüssig vor. Aber Heilung – das wissen schon die alten Überlieferungen – kostet etwas. Geheilt werden wollen alle, aber es darf nicht zu viel kosten. Wenn man geheilt werden kann, so wie das Auto repariert wird, wird Heilung akzeptiert. Doch wenn die Heilung zu viel kostet – zu viel Aufwand, zu viel Umstellung, zu viel *Umkehr* –, ist sie oft nicht erwünscht. Das weiß jeder, der mit Patienten zu tun hat. Viele entziehen sich der Nachbehandlung, der Nach-Kur, wodurch die *cura*, die Heilung, erst vollständig würde.

„Willst du gesund, willst du geheilt werden?" heißt: Glaubst du, dass es sich für dich lohnt? Hast du Vertrauen, dass – geheilt – dein Leben (neuen) Sinn erhält? Vertraust du darauf – auch in der Krise, unter Schmerzen – , dass du gewollt bist (dass es gut ist, dass du lebst)? Wirst du, als bisher Blinder, ein neues Leben vor dir *sehen*? Willst du, als bislang Gelähmter, den Weg in dieses neue Leben *gehen*? Wirst du, bisher taubstumm, auf Menschen an deinem Weg hören, sie ansprechen, ja dich selbst aussprechen wollen? Willst du, dass dein gebrochener Lebenswille mit geheilt wird? Mehr noch: Willst du dich heilen lassen so tief, dass du zu vertrauender Gewissheit findest, dein Leben sei mehr als eine Eintagsfliege, mehr als eine Lilie auf dem Feld? Willst du geheilt werden an der *Wurzel* deines Willens, so da*ss* du *leben* willst, auch Tod und Todesmächte *über*leben willst?

Wir ahnen, welch tiefer Sinn in Jesu Wort „Effata!" (14), „Öffne *dich* !" verborgen ist. Die Öffnung der Herzenstiefe macht, dass der Patient die Zunge bewegen, Worte formen und vernehmen kann.

Die Zeugen der Heilung erfassen das: Der Schöpfer selbst ist da bei uns, Er, der alles „gut" macht, der in seiner *Güte* spricht „Es werde!" und „Es ward" - die Tauben hören und die Stummen sprechen!

Der „innere Heiler" (15), wie man auch sagt, das göttliche *Pneuma* (der „Geistbraus") reicht in diese Tiefe hinab. Dorthin, wo Geist, Seele und Körper in der Wurzel zusammengefasst und eins sind.

Es ist jene Herztiefe, wohin Gott, nach Paulus, *seinen* Geist ausgegossen hat, den Geist kindlichen Vertrauens („Abba, lieber Vater": Röm 8,15ff). Dieser Geist (der „Paraklet") ist Heilkraft und Heiler.

Das Altertum wusste: Heilung ist göttlichen Ursprungs, verdankt sich *Apollon* oder *Asklepios* oder *Serapis*. In Israel ist einer von Gottes Namen „Rafa`El" („Gott heilt") und lebt der Glaube an JHWH, den Arzt Israels (Ex 15,20).

---

14 Fachleute sind uneins, ob das Wort aus dem Aramäischen oder Hebräischen übernommen und abgeschliffen ist; falls hebräisch, dann wohl aus *hippatach* (Aussprache *hiffatach,* Imp. Nifal von *patach, öffnen*) = werde geöffnet!

15 In den Zusammenhang von Frohbotschaft und Heilkraft Jesu führen ein: *E. Biser,* Der Therapeut, in: *ders.,* Der inwendige Lehrer (München 1994), 141-157; *K.P. Fischer,* „Er heilte ihre Kranken": Orientierung 64 (2000), 251-257

Vor vielen Jahren, als die Krebszellen in seinem Körper unerwartet zerfielen und sein Arzt von „ärztlich nicht fassbaren inneren Kraftquellen"sprach, schrieb Pater *Bernhard Häring*: „Die Liebe und Ehrfurcht, mit der er [Jesus} den Kranken begegnete, ... weckten all die vom Schöpfergeist in uns gelegten psychosomatischen ... Kräfte in einer Weise, dass ... der Funke --- eines großen Gottvertrauens ganz neu und mächtig zündet, alle verborgenen leib-seelischen Heilkräfte weckt". (16)

Doch Heilung ist mehr als Genesung. Die von Jesus Geheilten hatten alle noch den Tod vor sich und zu bestehen. Waren sie so tief geheilt, dass sie ihn bestanden, in gläubigem Vertrauen? Wir möchten es glauben, wissen es aber nicht. Was wir wissen, ist: Schon bei unserer Taufe hat der göttliche Arzt begonnen, uns zu heilen, d.h. uns mit jener Lebenskraft zu begaben, die auch im Tod heil bleibt. Anders gesagt, ist sein Geist das Band der Liebe, mit dem er sanft, ein Leben lang, an uns zieht und wir immer wieder seine Aufforderung hören: *Effata! Öffne dich!,* bis er uns schließlich ganz an sein Herz zieht.

---

16 *B. Häring,* Gottvertrauen in der Krankheit, in: Christ in der Gegenwart 43 (1991), Nr.46

MARTA UND MARIA

Nur bei Lukas 10,38-42 findet sich die Erzählung von Jesus als Gast der gastfreundlichen *Marta* und *Maria*. Die meditierende Kirche sieht eine Art Vor-Bild und Verwandtschaft dazu in der früheren Erzählung von der Gastfreundschaft bei Abraham und Sara für drei reisende Männer (Gen 18).

Beide Texte verbindet also die Gastfreundschaft, die Abraham dort, Marta mit Maria hier *mehreren* Männern erweist (Jesus und den Jüngern), doch die Szene *bestimmt* beide Male *der Herr* (*Adonaj, Kyrios*), mit dem sie konfrontiert werden. Abrahams und Saras Gastfreundschaft wird gleichsam belohnt durch *das Wort des Herrn,* das beiden einen Nachkommen binnen Jahresfrist verheißt – und dies, obwohl Sara lacht, da sie über das gebärfähige Alter längst hinaus ist, das Wort also etwas ´Unmögliches` ansagt und der Herr sich über die alte Frau lustig zu machen scheint. Als ein ferner ´Sohn Abrahams` (Mt 1,1; Lk 3,34) kehrt *der Herr* (Jesus) nun bei Marta ein, stellt so die Verbindung mit dem Ersten Testament her. Aber die Situation ist verändert: Zwar sind es wieder zwei Personen – dort Abraham und Sara, hier Marta und Maria –, die Gastfreundschaft erweisen; doch während im Genesis-Kapitel beide in der praktischen Bewillkommnung des Gastes aufgehen (allerdings wird betont, dass Abraham im Gast *den Herrn* sieht und sich selbst als dessen *Knecht* - v 3), sind bei Lk die Rollen verteilt: Marta kümmert sich ums Praktische, Maria nimmt Sitz zu Füßen des Gastes – *des Herrn* – , um sein Wort hörend aufzunehmen. Beide, Marta *und* Maria, erweisen Gastfreundschaft: die eine mit praktischer, die andere mit *hörender* Aufmerksamkeit. Beides ist vonnöten, wie man weiß: ein Gast, der eingetroffen ist, will nicht nur bewirtet, sondern auch gehört werden. Man versteht auch gut, dass Marta von ihrer Schwester Hilfe fordert: in der Genesis haben Abraham *und* Sara (sowie die Knechte) zu tun, um die Männer aufzunehmen; und für Marta ist es zuviel, allein für die Bewirtung zu sorgen: obwohl nicht eigens erwähnt, sind die Jünger offenbar Teil der Gastgesellschaft (v 38). Doch herrscht sie nun nicht etwa Maria an (wie es ungezogene Leute täten), sondern bittet den Gast, ihre Schwester, die vermeintlich den Gast unterhält, für die praktische Arbeit freizugeben. Wir bemerken, nebenbei, wie viel menschlicher Stil hier im Spiel ist! Aber der Gast – *der Herr* – reagiert unerwartet, mahnend: „Marta, Marta, du sorgst dich und machst Wind um *viele Dinge – nur eines* ist (jetzt) nötig; Maria soll nicht weggenommen werden der *gute* Teil, den sie gewählt hat" (v 41f)**.**

Um diesen Satz zu verstehen, müssen wir sehen, wie Lk die kleine Erzählung plaziert. Zuvor, im selben Kapitel 10, sendet „der Herr" 72 Jünger in die Orte voraus, in die er nachkommen will; sie sollen dort in nur einem Haus Gastfreundschaft beanspruchen und den Einwohnern verkünden: „Das Königreich Gottes ist zu euch hin gelangt!" Zweimal wird das betont und, in Bezug auf diese Botschaft, hinzugefügt: „Wer euch *hört,* der *hört mich*"! Kurz darauf werden die Jünger selig gepriesen: Viele Propheten und Könige wollten sehen und hören, was ihr seht und hört, doch es war ihnen nicht gegeben! Anschließend geht es um die Frage, was nötig sei, um Anteil am (unvergänglichen) Leben zu empfangen, und um die Antwort, die ein Gesetzes-Lehrer aus der Thora zitiert: *Gott zu lieben aus ganzem Herzen, aus ganzer Seele, mit allen Kräften,* und *den Nächsten zu lieben wie sich selbst!*

Dabei will bedacht sein, dass die – in der Thora geforderte – Ganz-Hingabe des Menschen an Gott Antwort ist auf Gottes Selbst-Bekundung: *Höre, Israel* ! *Der Herr, dein Gott, der Herr ist Einer*! (Dtn 6,4f) Der *eine* Gott erwartet, dass Israel, dass der Mensch ebenfalls *einer* sei und darum mit ganzem Herzen, all seine Kräfte und Regungen *in eins* gefasst, vor ihm stehe. So mit sich selber eins geworden, kann er nur den einen Gott lieben; mehrere Götter (und Menschen) lieben kann der Mensch nur, wo er nicht eins ist, sondern geteilt, wo seine Aufmerksamkeit geteilt ist, von einem zum anderen wandert.

So verkörpert Maria in unserer Szene das *Eine,* das not tut (v 42), bzw. die *eine,* die *eins* gewordene: eins mit sich, ganz gesammelt hört sie das Wort des Herrn (17), während Marta, mit „vielen Dingen" befasst, unter dem wohlbekannten Gefühl leidet, „nicht fertig" zu werden.

Das Evangelium will herausfordern. Es will aber keineswegs (wie man oft gemeint hat) praktische Arbeit als weniger wichtig abwerten, sondern die Reihenfolge klären: Zuerst das Hören auf den *einen* Gott, dann die Hinwendung zu anderen, zu den vielen! Die Reihenfolge ist bedeutsam, wie Lk zuvor deutlich macht: „für eines aber ist Bedarf" (wörtlich übersetzt). Man kann ebenso gut übersetzen: „für *einen* aber ist Bedarf". So übersetzend schwingt die an das hörende Israel gerichtete Grundoffenbarung mit: „Der Herr, dein Gott, der Herr ist *einer* !" (Dtn 6,4; vgl. Mk 12,32). (18) Der Eine steht im Gegensatz zu dem Vielen und Vielerlei. Hört der Mensch ganz und gesammelt auf den *einen* Gott, lässt er sich von ihm zum *jeweils* Nächsten schicken. Der Nächste ist dann aber – wie der Gesetzes-Lehrer am Beispiel des Samariters lernt – nicht der, den der Mensch auswählt (dem einen hilft er, dem anderen nicht – wie Priester und Levit, die an dem Verletzten vorübergehen), sondern *jeder,* den Gott ihm aufträgt: der *eine* hilfsbedürftige Mensch, dem der *eine* Gott mit ganzem Herzen zugewandt ist und dem er den *einen* schickt, der gerade des Weges kommt. Dann kommt die Tat, die Hinwendung zum Menschen, aus dem Hören und macht den handelnden Hörer eins mit dem Herrn.

---

17 Eins mit sich und dem Einen (Gott) zugewandt (statt von Kompromissen, Interessenkonflikten gespalten), wird ein Christ, eine Gemeinde, die Kirche auch erst *wahrhaftig: H. Küng,* Wahrhaftigkeit (Freiburg-Basel-Wien 1968), 58f

18 Verwandt ist hier die Perikope Mk 10,17-22 Par, wo der reiche Mann, der die Hauptgebote der Thora seit Jugend an hält, von Jesus erfährt, *eines (hén)* bleibe noch übrig: seine Habe für die Armen zu verkaufen und Jesus nachzufolgen. Auch hier dreht sich letztlich alles um den *einen,* den Menschen vollständig beanspruchenden Gott. Die Evangelisten (Mk Mt) fühlen es, denn die Betrübnis des Weggehenden verursachen seine „vielen Besitztümer".

MITGEGANGEN – MITGEHANGEN

Das Alte Testament enthält eine Erzählung, die kritisch in die Zukunft weist, bis in unsere Gegenwart und darüber hinaus. Wird noch von Gottes Schöpfung gesagt, sie sei „sehr gut" (Gen 1,31), stellt der Erzähler wenig später fest: „Die Erde war verdorben vor Gott, und zwar war die Erde voller Gewalttat" (Gen 6,11f). (19) Die *Sünde* wird mit *Gewalttat* verdeutlicht. Die Gewalt besteht in dem Unrecht, das die Menschen einander antun. Diese Gewalt, die die Erde erfüllt, zerrüttet und zerstört die Schöpfung. Wie eine Flut des Bösen stößt sie die Welt ins Chaos, ins Tohuwabohu zurück. Und Gott *lässt* die Wogen der Gewalt und des Unrechts die ganze Erde überschwemmen und die Menschen zu Tausenden darin untergehen. Nur Noach, der Gerechte, der wie ein *Rest der guten Schöpfung* wirkt, wird mit den Seinen gerettet. In der Sintfluterzählung lässt Gott der Flut des Bösen ihren Lauf, und sie verschlingt alle Lebewesen – nur die in der Arche nicht. Gott, so scheint es, überlässt die Erde ihrem Verderben.

Den Geretteten aber erklärt Er am Ende feierlich, er werde kein zweites Mal eine Flut senden, die Menschheit kein zweites Mal in der Flut ihrer Bosheit und Gewalt ertrinken lassen – denn die Menschen seien zu schwach, von sich her könnten sie immer wieder nur Böses, Zerstörendes sinnen (Gen 8,21).

Das will sagen: Gottes Wille, diese Welt und die Menschen zu erhalten, das Leben zu fördern, sei umfassender, tiefer, als die Flut und ihre zerstörerische Macht, als Bosheit und Gewalt.

Schauen wir nun von hier ins Neue Testament, auf die *Leidensgeschichte Jesu.* Die damalige jüdische Führung lehnt seine Botschaft und seinen Anspruch ab – fürchtend, die Volksmassen könnten religiös und politisch unruhig werden. So sinnt sie auf die Beseitigung Jesu, wagt aber kein öffentliches Aufsehen. Daher geht man „mit List" (Mk 14,1f) vor, und ein Verräter aus dem engsten Kreis um Jesus dient sich an. Bei Nacht, als Jesus allein mit den Jüngern im Garten am Ölberg weilt, nimmt ein Sonderkommando den Unruhestifter fest. In größter Eile wird ihm mit Hilfe falscher Zeugen der Prozess gemacht, sein Sendungsanspruch wird messianisch gedeutet und als Gotteslästerung gewertet. Für Pilatus, den Vertreter der Besatzungsmacht, wird Jesu Wirken ins Politisch-Aufrührerische umgedeutet, und der Römer spielt am Ende mit. (20) So rotten sich schließlich „die Stämme Israels *und* die Völker (Heiden) zusammen" gegen Jesus, den Gottesknecht, „deinen heiligen Knecht" (Apg 4,27).

Also auch hier ist es die Flut des Bösen und der Bösen, ist es die Flut der Gewalttat, die alle ergreift und mitreißt, sogar die Jesus zuvor zujubelnde Menge, die (ein bekanntes Massenphänomen) von einem Tag zum anderen vom „Hosianna" unsicher oder lustvoll umschwenkt zum „Kreuzige ihn!"

Doch enthält die Darstellung hier einen Zug, der in der Noach-Erzählung fehlt. In Getsemani schlagen die zerstörerisch-bösen Wogen der *Flut auch über Noach*, d.h. über *Jesus* zusammen und verschlingen ihn.

Es hat freilich den Anschein, die Christenheit habe diesen Umstand in der Folgezeit nur schwer verkraftet. Man sprach von „Gottesmord" und „Gottesmördern", und fromme Phantasie, vom Sühne-Gedanken geleitet, versenkte sich dermaßen in Jesu Wunden und Leiden, dass seine Passion schließlich als das entsetzlichste aller Leiden in der Menschheitsgeschichte galt. (21) Aber dergleichen sagt das biblische Zeugnis nicht.

19 Die Sintfluterzählung Gen 6-9 sehen Fachleute literarisch als redaktionell bearbeitete Zusammenfassung von zwei Quellen: *J* (Jahwist) u. *P* (Priesterschrift): *H. Haag,* Biblisches Wörterbuch, Art. Sintfluterzählung (Freiburg/Br. 1994); *H. Schmoldt,* Art. Sintflut, in: Reclams Bibellexikon (Stuttgart ⁶2000)

20 Über Prozess und Hinrichtung Jesu informiert z.B. *J.Gnilka,* Jesus von Nazaret. Botschaft und Geschichte (Freiburg-Basel-Wien 1993 – Sonderausg.), 291-317

21 Diese Deutung und Vorstellung, im frühen Mittelalter entstanden, in manchen Kreisen heute noch am Leben, verdunkelte das Verhältnis von Christen zu Juden und lässt einige *fanatics* neuerdings befürchten, die zivilisierte Welt bewerte das abscheuliche NS-Verbrechen der *Shoa* (Holocaust) qualitativ als gleich-, ja höherrangig als den sog. Gottesmord am Kreuz auf Golgotha. Hier wird fromme Spekulation eingeholt von jenem "bösen Trachten", dem Gott gerade anders, *nicht* mehr mit einer Sintflut, begegnen will.

Es sagt, der gottgesandte Retter habe das Menschsein voll und ganz auf sich genommen: „in allem uns gleich, ausgenommen die Sünde" (Hebr 4,15). Zum Menschenwesen gehören nun aber – leider – auch Schmerz, Leid, Ablehnung und Hass. Überhöht man Jesu Leidensgeschichte zu einer einmaligen, steigert sich gar in die Rede vom „Gottesmord" hinein, kann man *die wahre Antwort Gottes kaum* mehr würdigen. Gott hat ja nicht furchtbar zurückgeschlagen, hat nicht das Blut der Täter gefordert, hat nicht mit einem Vernichtungsschlag „Furcht und Schrecken" (22) erzeugt, hat auch nicht – wie es Petrus und die anderen Jünger wollten, als sich die Situation zuspitzte (Mt 16,22 Par; 26,51ff Par) – mit einem Präventivschlag die Kreuzigung Jesu verhindert. Vielmehr hat Gott die Hinrichtung zugelassen, gar bejaht, als sie als das Ende von Jesu Weg deutlich wurde: dies meint der Lobpreis „gehorsam bis zum Tod, bis zum Tod am Kreuz" über Jesus (Phil 2,8). Aber Gott hat Jesus, diesen späten „gerechten Noach", zugleich gerettet: ER nahm ihn in jene Arche auf, die keine Todesflut mehr verschlingen kann, in *Sein* – Gottes – eigenes Leben, in Seinen Lebenshauch (Pneuma, Hl.Geist). Diese Rettung des „gerechten Noach" – Jesus – , des Gekreuzigten, in der Arche, die Gott selbst ist, umschreiben wir mit dem Wort „Ostern".

Gott ist anders, als Menschen denken, anders auch, als – vielleicht – Jesus selber zunächst dachte. In Jerusalem angekommen, den tödlichen Konflikt mit den Autoritäten vor Augen, erzählt er das Gleichnis von den bösen Winzern (Mk 12,1-9 Par). Die Winzer sind Pächter des Weinberg-Herrn, und als der die Pacht – einen Teil der Weinernte – einfordert, greifen die Pächter zur Gewalt und üben Gewalt an allen Abgesandten ihres Herrn, sogar und erst recht an dessen Sohn. Sie wollen sich selber in den Besitz des Weinbergs setzen, das heißt, sie wollen selber Gott sein. Das Gleichnis endet mit der Drohung, „der Herr des Weinbergs" werde „kommen und die Winzer vernichten". Doch *das* war nicht das letzte Wort Jesu zu seinem Tod. (23) Sein letztes Wort, sein Vermächtnis, wurde ein anderes: „Das ist mein Blut, ... das für viele vergossen wird" (Mk 14,24 Par). Sein letztes Wort macht seinen Tod zur *Hingabe* für die anderen. Hier wird der Gottesspruch am Ende der Sintfluterzählung bestätigt und neu ausgelegt: Gottes Entschluss und Treue zum *Leben*, statt zu Tod und Vernichtung. Die lebensfreundliche Art Gottes spiegelt sich in der Art Jesu Christi: *Er*, anders als der alte Adam, anders als die bösen Winzer, strebte nicht nach Gott-gleich-sein; Er, der Gottgleiche, hielt seine Gottgleiche nicht fest wie eine Beute, sondern entäußerte sich und nahm das arme, begrenzte Menschendasein an (Phil 2,6).

Dadurch ermöglichte er ein neues Gottes- und Menschen-Bild:

Gott ist im höchsten Grad *Er* selbst, *indem Er sich entäußert, sich hingibt* –

Der Mensch – sein Abbild - wird im höchsten Grade Mensch, *indem er sich entäußert, sich hingibt für die anderen* (und eben darin seine Hingabe an Gott vollzieht). (24)

Solche Einsicht führt jedoch nicht in einen folgenlos schwärmerischen Idealismus hoch über der Erde, vielmehr konfrontiert sie mit sehr konkreten, todernsten Fragen, wie: Kann eine Militärmacht – wie immer sie heißt – sich auf *diesen Gott* berufen – sich darauf berufen, Gottes Werk im Kampf gegen das Böse zu vollbringen? Wenn wir lernen, die Welt mit den Augen des Glaubens zu betrachten, werden wir mit Paulus feststellen: Es ist eine *vergängliche, vorläufige Welt*. Christus herrscht erst dann vollends über die Welt, genauer: Gott herrscht – durch Christus – erst dann vollends über die Welt, wenn Er auch den Tod, den „letzten Feind", vollends entmachtet hat (1Kor 15,26).

---

22 „Shock and awe" hieß die Losung für die US-Bombenangriffe auf irakische Kriegsziele im Frühjahr 2003
23 Bei den Evangelisten entschärft Jesus das Wort dadurch, dass er ihm das Psalmwort vom verworfenen Stein, den der Herr zum Eckstein macht (118,22f), folgen lässt; Mt tut noch ein Übriges, er legt das Wort vom Weinberg-Herrn, der die bösen Winzer vernichten wird, den Zuhörern – leitenden Angestellten des Tempels – in den Mund (21,41)
24 Hier handelt es sich um eine Grundeinsicht, die der große Theologe *Karl Rahner* immer wieder bekräftigte; siehe *K. P.Fischer*, Der Mensch als Geheimnis (Freiburg-Basel-Wien ²1975), Teil III

Das heißt, die Welt, in der wir leben, ist eine vorläufige Welt. Sie ist, von *Anfang an*, *eine Welt der Gewalt*. Gerade diese gewalttätige Welt und ihre Menschen, die sich so leicht in der Logik der Gewalt verfangen, hat Gott nun im Kreuz Jesu Christi angenommen. Die *ausgebreiteten Arme des Gekreuzigten* sind wie *ein im Tod erstarrter und verewigter Gestus der Umarmung der Feinde*. Das Wort an die Jünger – „Arme habt ihr alle Zeit unter euch" (Mk 14,7 Par) – könnte auch variiert werden: ´Gewalttäter habt ihr alle Zeit unter euch`!
Das Kreuz und der Gekreuzigte sind dafür unveränderliche Kennzeichen.

Eine Episode bei *Lukas* erhellt Menschenart: *Nachdem Jesus zum zweiten Mal von seinem bevorstehenden Leidensgang gesprochen hatte*, auf dem Weg nach Jerusalem, suchen er und die Jünger Obdach in einem Samariterdorf, werden als Juden aber abgewiesen. Diese Abweisung macht zwei der Jünger böse, sie wollen, dass Feuer vom Himmel falle und das Dorf vernichte (Lk 9,54f). Jesus weist diese Anwandlung, den Vernichtungswillen, zurück.

Die Neigung zu Gewalt lebt auch in den Christen; sie kann das Kreuz-Zeichen, das Zeichen der ausgebreiteten Arme, verdunkeln. Christen sind berufen, in der Welt den *Gottesknecht* zu bezeugen, „der geschmäht wurde, aber nicht widerschmähte, der litt, aber nicht drohte" (1Petr 2,23).

Gewalt hat etwas tief Zweideutiges: Schöpferisches *und* Zerstörerisches. Auch in den frömmsten und liebenswürdigsten Menschen regt sie sich ihr Leben lang – als subtile Verkleidungskünstlerin.

In allen Lebensbereichen, unter den verschiedensten Formen, aus hohen und niedrigen, offenen und verborgenen Motiven werden wir gewalttätig, in Worten, Gesten und Handlungen. Geistlich bewegte Menschen kennen eine *Unterscheidung der Gewalten*.

Als Gewalt, zumal revolutionäre Gewalt, auch unter Christen häufiges Gesprächsthema war (1968), entstand – die Ermordung Martin Luther Kings war eben gemeldet worden – ein Tagebucheintrag, der bis heute bedenkenswert bleibt:

Jeder Mensch wird bewohnt von der Gewalt, auch Martin Luther King. Doch der Gebrauch, den er von ihr machte, war so selbstlos, dass in ihm ein Anderer sichtbar wurde ...Durch die Hingabe seines Lebens für seine Freunde eröffnet er uns einen Weg. Und: Welche Herausforderung bedeutet ein Christ, der eine lebendige Hoffnung wird mitten in der Welt der Ungerechtigkeit, der Trennung, des Hungers! Entleert von jedem Hass, baut seine Gegenwart auf. (25)

In einer Welt voller Gewalt kann es allerdings vorkommen, dass jemand um der Kleinen und Unterdrückten willen den Gewalttätigen entgegentreten und, *falls keine andere* Rettung möglich ist, versuchen muß, die Fortführung des Unrechts mit Gegengewalt zu unterbinden. (26)

Es gibt Menschen, die, ohne tiefer berührt zu sein vom Geist Christi, Martin Luther Kings oder Gandhis, pauschal jede Form von Gewalt gegen andere ablehnen. Wüssten sie, zumindest einige von ihnen, Antwort auf die Frage, ob *sie* etwas oder jemand kennen und haben, für das, für den oder die sie Hab und Gut, *ihr Leben einsetzen* würden?

Kriegerische Gewalt hat jedoch kaum kontrollierbare Auswirkungen.

Im Namen Gottes Menschen zu attackieren gerät *leicht* zu einer besonders subtilen und zugleich grauenvollen Form der Gewalttat – des *Bösen* – , wie in der Reaktion der Jünger gegen jene, Gastfreundschaft verwehrenden, Samariter.

---

25 *Roger Schutz,* Violence des pacifiques (1968), 216.218 (eig. Ü)
26 Diese Position vertrat bei einem Vortrag in 2003 auch *Rupert Neudeck* (Cap Anamur-Notärzte/ Friedenscorps Grünhelme) im Blick auf die Leidensgeschichte der bosnischen Stadt Sarajewo.- Wie sehr Produzenten und Nutznießer eines Unrechtssystems schon die Gegengewalt des *Wortes* fürchten, lassen die vielen christlichen Märtyrer in den früheren Ostblockstaaten und in oligarchisch regierten Staaten Lateinamerikas erkennen.

In der Sintfluterzählung erstreckt sich die Flut des Bösen, der Gewalt auf *alle* Menschen, ausgenommen die wenigen „Gerechten", die Bewährten in der Treue zu Gottes Bund. Weil aber auch diese Ausnahme, diese Sonderstellung noch fehlbar ist, wurde der biblische „Gerechte" vollendet in dem, der *„sterbend die Arme ausbreitete am Holz des Kreuzes"* (II. Hochgebet, Präfation).

Der Christ, der sich diese Haltung seines Lehrers, seines Lebe- und Sterbemeisters, zueigenmacht, kann keinen mehr erschlagen (das ist schon physisch unmöglich); „mitgekreuzigt" (Röm 6,6), wie er ist, verkörpert er nunmehr das geöffnete Herz, das *allen zugewandt* ist.

DER CHRIST UND SEIN KREUZ

Das christliche Kreuz ist häufig missverstanden worden. Für den Dichter Theodor Storm ist der „Crucifixus", wo immer er in der „lichten Flur" steht, „jedem reinen Aug ein Schauder, ... ein Bild der Unversöhnlichkeit". So wirkt es auf nicht wenige Nichtchristen und wird daher aus öffentlichen Gebäuden entfernt (dafür tragen andere ein Kreuzchen als Halsschmuck).

Tatsächlich ist das Wort vom Kreuz, das Jesus ausdrücklich „an die vielen Leute" richtet, auch für viele Christen schwer verständlich:

Wer nicht sein Kreuz trägt und hinter mir her geht [d.h. in meine Lehre geht, mein(e) Schüler(in) ist], *kann nicht mein(e) Jünger(in) sein* – d.h. er oder sie kann kein Christ sein! Zuvor wird ausführlich als Bedingung gesetzt: *Wer nicht seinen Vater, die Mutter, Frau, Kinder, Bruder, Schwester, ja das eigene Leben gering achtet* (wörtlich: *hasst*), *kann nicht mein Jünger sein!* (Lk 14,26f/Mt 10,37f)

Der restliche Abschnitt des Textes macht an den Beispielen vom Turmbauer und vom kriegführenden König klar, dass man gut überlegen soll, ob man die Mittel hat, Jesus-Jünger zu werden.

Das Bildwort vom Kreuz-Tragen klingt schwierig und mehrdeutig. Viele fragen, ob es da um Leiden gehe, etwa um eine Wahl: die Bevorzugung von Leiden als Voraussetzung von Erlösung, wie in der Vergangenheit nicht wenige ´Nachfolger Christi` gemeint haben. Was meint dieses Bildwort?

Es geht Lk zunächst darum, dass man nur *ganz,* mit der *ganzen Person,* Christ sein kann, nicht halb oder zum Teil. Ein *ganzes, totales* Engagement für eine Sache oder Person ist in unserer Gesellschaft verdächtig, gerät leicht in den Geruch von Fanatismus. Eine Ausnahme lässt man gelten z.B. für den Leistungssport: das verstehen die Leute, dass jemand nicht „Weltklasse" im Tennis oder Schwimmen sein kann, wenn er sich nicht mit aller Kraft auf diesen Sport konzentriert, von früh bis spät, nur ihn in Kopf und Herz hat. Im normalen Leben aber sieht man es anders: man geht morgens ein bisschen arbeiten, abends ein bisschen schwimmen oder joggen, sieht ein bisschen fern, macht mal dies oder das. Das ist auch ganz in Ordnung. Es gibt aber Lebensbereiche, wo man nur *ganz* dabei sein kann: Man kann nicht nur ein bisschen oder zeitweise Demokrat sein; die *Grund*haltung muss demkratisch sein. Für einen Verkehrsteilnehmer reicht es nicht, nur ein bisschen Acht zu geben, vielmehr kommt es darauf an, *ganz* konzentriert zu sein. Wer nicht ganz bei der Sache ist, ein Verbotsschild übersieht, gar einen Unfall verschuldet, muss seine Nachlässigkeit oder Unkonzentriertheit büßen. Wer einen anderen Menschen liebt, kann es nicht nur halb tun oder von Stimmungen abhängig machen, er muss zu dem anderen Menschen halten, für ihn einstehen, wo immer die Situation es erfordert; tut er es nicht, wird die Beziehung – Freundschaft, Partnerschaft – nicht halten, sondern ein schmerzliches Ende finden.

Um den ganzen Einsatz geht es auch Jesus im Lk-Evangelium.

Der aber ist, wo es um religiösen Glauben geht, unserer Gesellschaft fremd. Wie oft gibt jemand auf die Frage, ob er/sie *gläubig* oder *überzeugte(r) Christ(in)* sei, den Leuten zur Antwort: Ja schon, aber nicht so arg! (Soll heißen, ich bin normal!). Ähnlich angepasst antwortete selbst eine junge Muslimin im Fernsehen. So stark ist der Erwartungsdruck in der westeuropäischen Gesellschaft. Bekennt aber, was ebenfalls vorkommt, eine prominente Persönlichkeit bei einer Talkshow frei heraus, sie sei überzeugter, gar „praktizierender" Christ, sind Publikum und Interviewer befremdet. Es bedarf meist einer Reihe zusätzlicher – beschwichtigender oder korrigierender – Erläuterungen, damit das Publikum das Bekenntnis toleriert.

Diese Einstellung hat natürlich mit Erfahrungen in Vergangenheit und Gegenwart zu tun, wo Fanatismus viel Leid verursachte und mancherorts immer noch erzeugt. Sie ist aber auch in pluralistischen Gesellschaften zuhause, wo Liberalismus („leben und leben lassen") eine Tugend ist.

Doch dem Evangelium geht es nicht um Intoleranz, sondern um Klarheit, um *Entweder-Oder*: Christ sein geht nur ganz, kompromisslos! Natürlich kann man in der Lebenspraxis versagen, kann der Art, der Lebensform Jesu zuwiderhandeln. Dann gerät man, falls man nicht unter Zwang stand, in jenen Bereich, den die Bibel „Sünde" oder „sündhaft" nennt. Doch kann solches Versagen jemandem, der an seinem Engagement als Christ grundsätzlich festhalten will, vergeben werden.

Es verhält sich hier ähnlich wie in der Liebe, wo Partner und Freunde sich immer wieder verletzen, einander etwas schuldig bleiben, einander aber auch verzeihen, wenn klar ist: an der Grundrichtung, an Liebe und Treue, wird nicht gerüttelt. Wo aber die Liebe als ganze bröckelt, wo der eine Partner nicht mehr ganz dabei ist, weil er sich auch für andere interessiert und denkt, mit dem oder der könnte ich auch Spaß haben, wird es für die ganze Beziehung bekanntlich kritisch. Die Grenzen zur Verfehlung sind oft dünn, nur für das feinfühlige Gewissen tastbar. Rafft sich der-/dieselbe aber auf und macht sich klar: ich habe mich nun mal entschieden, so soll es sein, es ist das Beste für alle, kommt gar vom Fremdgehen zurück, so fängt er oder sie eben damit an, *sein* bzw. *ihr Kreuz zu tragen*: das Kreuz der Liebe.

So ähnlich ist es auch beim Christsein. Abgebildet sehen wir das in den drei Versuchungen, die Jesus zu passieren hat: Hunger, Macht, und die Lockung, Gott für eigene Zwecke einzuspannen. Indem Jesus zu jeder Verlockung Nein sagt, nimmt er jeweils *sein Kreuz* auf sich. Darum sagt *Paulus* von den Christen: *sie haben ihre Selbstsucht und damit ihre Leidenschaften und Begierden gekreuzigt; damit sei für sie die Welt gekreuzigt und sie der Welt* (Gal 5,24; 6,14). Christen, wo sie Alternativ-Angeboten, weniger Christ zu sein oder überhaupt anders (´normal`, für die gängige Sprachregelung), widerstehen, sind Kreuz-Träger, Träger *ihres* Kreuzes. Druck zur ´Normalität` – da ist das Christentum aus Erfahrung ganz realistisch – kann auch aus dem persönlichen, familiären Umfeld, auch aus dem eigenen, vitalen Fleisch kommen. Auf solche Einsprüche soll der Christ nicht achten, sondern volle Konzentration behalten, *sein Kreuz* tragen. Warum aber das Wort „Kreuz" ?

Die römischen Besatzer ließen die Todgeweihten (Schwerverbrecher, Aufständische) ihr Kreuz – den Querbalken – persönlich zum Hinrichtungsort tragen. Diese mussten gewöhnlich durch ein Spalier von Neugierigen und Gaffern hindurch, die Spott und Hohn über sie ausgossen. In deren Augen ist das Kreuz eben „Torheit" (1Kor 1,18): „selber schuld", „das hast du nun davon!" Spott und Hohn zogen sich bis zum Hinrichtungsplatz und in die letzten Stunden.

Jesus hat es selber so erfahren; hatte all das Schlimme durchzumachen, das Todgeweihte aller Orten und Zeiten durchmachen müssen – auch, dass die Gunst der Menge sich umkehrt und in Missgunst, in Hohn verwandelt. Viel früher beschrieb der Philosoph *Platon*, der noch nichts von Christus wusste, das Schicksal des Gerechten (sein Vorbild war Sokrates): Der Gerechte, wenn er unter den Menschen erscheine, werde gefesselt, gegeißelt, gefoltert, geblendet und – nach all diesen Leiden – schließlich am Pfahl sterben. (27)

Die Leidenserfahrungen Jesu sind auch die Erfahrungen der frühen Christen. Sie erfuhren konkret: Wer Jesu Botschaft annimmt und leben will, ist in der Gesellschaft von nicht selten zynisch gestimmten Andersdenkenden Leiden ausgesetzt: Spaltungen der eigenen Familie, des Bekanntenkreises, der Kollegen; Beschimpfungen, Verdächtigungen, Verfolgungen, Verhören, Prozessen, nicht selten Todes-urteilen – oft unter dem Vorwurf, „menschenfeindlich" zu sein: das schlimmstmögliche Missverständnis.

27 Der Staat II 361e - 362a

Die frühe Kirche musste Tauf-Bewerber und -Bewerberinnen auf diese Leiden hinweisen und ihre Bereitschaft für solche Risiken erfragen. Die frühen Christen haben die Leiden nicht gesucht, hätten es gut ohne sie ausgehalten; aber man hat sie ihnen nicht erspart.

Wie ist es heute ? Oft nicht anders als zur Frühzeit: Unverständnis, Hohn, ja Feindschaft der Umwelt, Angst und Zweifel aus der eigenen Vitalsphäre für den, der nicht die breite Straße, sondern den engen Weg geht (Mt 7,14), das schmerzt, schlägt Wunden. Eben das heißt: sein Kreuz tragen. In den westlichen Gesellschaften sind überzeugte und aktive Christen zur Minderheit geworden – so sehr, dass sie Kirchentage, Katholikentage, Papstbesuche usw. geradezu suchen für Gefühl und Erlebnis, unter Gleichgesinnten zu sein. Denn ´daheim` - in Schule, Arbeitsstelle, Freizeit usw. – erleben sie sich oft als `Exoten`. Sie werden – wo man um ihren Glauben weiß – belächelt, bemitleidet, als „naiv", „heuchlerisch" oder „fanatisch" verdächtigt. Christliche Lebenshaltung wird als „lebensfeindlich" abgetan.

Und man gibt ihnen zu verstehen, alle anderen Religionen seien attraktiver als das Christentum.

Wir Christen verdanken diese kaum mehr verhehlte Ablehnung zwar auch der Kirchengeschichte, die reich ist an Verfehlungen und Versagen, freilich auch an Gutem und Großem. Doch spielt die Vergangenheit nur zum Teil herein. Christentum ´stört`; es stört eine Spaß-, Erlebnis- und Ellbogengesellschaft, unduldsam gegen Einreden und Warnungen „ewig gestriger" Spielverderber.

Wo Geld nicht nur wichtig ist, sondern alles regiert, man für *erlaubt* hält, *was gefällt* (oder nützt), wo Regeln des Dschungels – *Jeder ist sich selbst der Nächste* und *Man lebt nur einmal* - Richtschnur werden, da wirken überzeugte Christen wie ´Aussteiger`, Außenseiter: schlichte Gemüter, die „noch an das Gute im Menschen glauben", sich „für was Besseres" halten. Leiden – etwa Mobbing oder Ausgrenzung – ist auch für heutige Christen oft nicht weit weg.

Doch hören wir das Jesus-Wort genau! Der Jünger soll nicht einfach *das* Kreuz aufnehmen. Jesus sagt auch nicht: Wer mir nachfolgen will, nehme *mein* Kreuz auf sich. Das Wort – gleich in allen Evangelien – sagt vielmehr: ... *nehme sein/ihr* (!) *Kreuz auf sich!* Das Nachfolge-Wort der Evangelien ruft uns nicht zu Mitträgern des Kreuzes Jesu (wie *Simon* von Kyrene: Lk 23,26), sondern zur Bereitschaft, *unser je eigenes* Kreuz aufzunehmen und zu tragen: Unverständnis, Kränkung, Ablehnung, vielleicht auch Schlimmeres – *um unseres Glaubens und der Sache Jesu willen!* Das heißt, wir sind „mitgekreuzigt mit Christus" (Röm 6,6), ein „Schauspiel für die Welt" - so die Erfahrung des Paulus (1Kor 4,9). (28)

Deshalb hat auch der heutige Christ nicht selten den Eindruck, dass er (nicht körperlich, sondern seelisch) am Kreuz, an *seinem* Kreuz hängt. Wenn ihm dieses Gefühl zusetzt, kann er entweder herunter steigen und sich davonmachen – oder sich mühen (so gut es ihm gegeben ist), wenigstens innerlich die Arme des Gekreuzigten ausgebreitet zu halten, offen auch für die, die ihn schmähen.

Doch wenn einem das nicht gelingt .... Gibt es eine Bedingun**g** dafür, dass einem solch eine Haltung gelingen kann?

---

28 Seit dem Spätmittelalter gibt es die fromme Übung für betende Betrachter (z.B. der Kreuzweg-Stationen), Jesus zu helfen, das schwere Kreuz zu tragen. Die Übung versteht sich als Ausdruck gläubig-liebender Anteilnahme an Jesu Schicksal. Sie meint aber anderes als das Jesus-Wort an den Jünger, je *sein eigenes* Kreuz aufzunehmen und zu tragen. Jesu Forderung sollte sinnvollerweise erfüllt sein, ehe man daran denkt, das Kreuz *Jesu* mittragen zu wollen

DIE UNMÖGLICHE BEDINGUNG

Alle drei synoptischen Evangelien erzählen von einer kurzen Begegnung zwischen Jesus und einem Mann, der nach dem Guten fragt, das er tun solle, um ewiges Leben zu „erben" (Mk 10,17-22 Par). Doch nur Mk leitet die Erzählung ein mit der Wendung: „Als er (Jesus) sich aufmachte auf den Weg". Diesen Beginn der Erzählung überhört, überliest man leicht. Doch dürfte diese Einleitung wesentlich sein für das Verständnis des ganzen Textes.

Diese Erzählung steht bei Mk nämlich zwischen der 2. und der 3. Leidensankündigung: Jesus erklärt den Jüngern, er müsse vieles leiden und verworfen werden von Ältesten, Hohenpriestern und Schriftgelehrten, getötet werden, aber nach 3 Tagen auferstehen.

Mk lässt im Rahmen der drei Leidensankündigungen Jesu fünf Mal das Wort *Weg* (gr. *hodós*) einfließen. Schließlich heißt es noch von dem geheilten Blinden – wenige Verse weiter – , dass er Jesus „folgte auf dem *Weg*" (10,52).

Hier ist nichts Zufälliges. Nachdem Petrus bekennt: „Du bist der Christós (Gesalbte, Messias)", weist Jesus die Jünger ein in den Weg, den er gehen *muss* – und auch jene, die mit ihm gehen: es ist der Leidens-Weg, über dem aber (wie Mk weiß) die Rettung und Verherrlichung des Gekreuzigten steht.

Welcher Art dieser Weg, tiefer besehen, ist, deutet das Wörtchen „müssen" an und sagen Jesu Gegner frei heraus: „Du lehrst in Wahrhaftigkeit *den Weg Gottes*" (12,14). *Weg* und *Gott* stehen in Israels Erfahrung nahe beisammen: Gott gibt sich in der Geschichte zu erfahren als *Weg*, als *Wegbereiter, Wegweiser, Wegbegleiter,* aber auch als der, der das Volk auf den Weg bringt, es zum Gehen bringt, es gehen *macht* (zB Jes 42,16; Ez 37,12) !

Es ist, im biblischen Kontext, also wichtig, dass da einer nicht bloß irgendwie dazu läuft und Fragen stellt, sondern dass einer kommt, um mit-zu-kommen, mit-zu-gehen auf den Jesus-*Weg* und fragt, wissen will, ob er dafür genügend gerüstet sei.

Der Frager fragt danach, wie er *ewiges Leben* erben könne. Eine von den Leuten damals oft gestellte Frage. Behalten wir aber den Hintergrund der Szene im Auge: Jesu Weg in den Tod und in die gottgewirkte Auferstehung! Und: Wer nach dem „ewigen Leben" fragt, fragt *biblisch* nach dem „Ewigen", der *Leben* (hebr. *chaj*) ist: nach Gott.

Jesu Antwort – „Du kennst die Gebote" – weist den Frager an die Gemeinschaft, das Volk, das Gottesvolk, dem der Mann „von Jugend an" zugehört. Jesus könnte auch sagen „Du kennst den Weg" – den Weg, den schon deine Väter gegangen sind. Suchende Menschen verweist Jesus nicht auf Besonderes, aus dem Rahmen Fallendes, sondern auf den normalen Weg aller anderen Gottgläubigen.

Erst als der Mann erklärt, auf diesem Weg gehe er schon lange, und auf seiner Frage beharrt, da *beruft* Jesus ihn in den engeren Kreis der Jünger – derer, die *seinen* Weg mit-gehen. Dies nämlich ist gemeint: *nicht* „er blickte ihn an" und „gewann ihn lieb", *sondern* „er ersah sich ihn" (gr. *em-blépein*), „er erwählte ihn" (*agapān*) ...

Er sagt zu ihm auch *nicht* „eins fehlt dir", „eins mangelt dir" o.ä., wie es in gängigen Übersetzungen heißt, *sondern* „eins gibt es noch für dich", oder „eins bleibt dir noch übrig" ...
Was?

In Mk 1,15 sagt Jesus: „Die Königschaft Gottes ist herangekommen, denkt um/kehrt um!"

Es geht um die *Hinwendung* zur jetzt ausgesprochenen Einladung. Jetzt ist „erfüllte" Zeit, jetzt verschenkt Gott sein eigenes Leben an alle, die solcher „Frohen Botschaft" trauen. Die *Berufung ist radikal*, sie fordert ja auf, „alles zu verlassen", hinter sich zu lassen, um das Leben von Stund an nur noch vom Berufenden, vom *Herrn* zu erwarten, der den suchenden Frager in Dienst nimmt.

„Ewiges Leben" können nun einmal die „vielen Güter" nicht schaffen, wohl aber der, der selber „das Leben" ist.

Dass der Mann „traurig" weggeht, erinnert an Paulus und sein Wort von der „Trauer der Heiden", der „Trauer der Welt" usw. Dem Mann misslingt hier der Trauensschritt; das Trauen darauf, dass Gott durch diesen Jesus und auf *seinem* Weg ihm „größere Freude ins Herz gibt als andere haben bei Korn und Wein in Fülle" (Ps 4).

Die Spruchüberlieferung weiß: Man kann nur einen zum Herrn haben – Mammon oder Gott, weil beide den ganzen Menschen beanspruchen (Mt 6,24; Lk 16,13). Deshalb ist es menschenunmöglich, dass ein Reicher in Gottes Königschaft gelangt, da ihm Armut ein Graus ist; so unmöglich, wie ein Kamel durch ein Nadelöhr geht.

Aber, sagt Jesus, was menschenunmöglich ist, kann Gott doch möglich machen. Auf *seinen* Wegen!

VOM REALISMUS DES GLAUBENS

Man trifft immer wieder auf Leute, die im Brustton der Überzeugung erklären, an Gott zu glauben sei unrealistisch und naiv. Und die, wenn man den Lauf der Dinge aus Gründen der Humanität und Ethik kritisiert, einen auslachen: das ist doch tatsächlich jemand, der „die Welt verbessern" will ...!

Die Realität, mit der wir zu tun haben, ist jedoch nicht eindimensional und platt, sondern hintergründig: in ihr wirken oft ´unterirdische` Ursachen und verborgene Motive mit, beeinflussen heimlich den Gang der Dinge und bestimmen die Richtung und das Ergebnis der Vorgänge und Verläufe.

Ein Prophet namens Jesaja sah die Geschichte seines Volkes hintergründig im Licht des Bundes zwischen Gott und Israel. Es geht hier um jenen Mann, den die Gelehrten *Deutero-Jesaja* (2. Jesaja) nennen (Wir sprechen hier jedoch abkürzend einfach von Jes). Er lebt im 6. Jahrhundert v.Chr. mit den Verbannten im babylonischen Exil. Unkluge Politik seines Königs bringt dem Königreich Juda und seiner Hauptstadt Jerusalem Eroberung und Zerstörung durch die Neubabylonier. Die führenden Schichten werden verschleppt, umgesiedelt. Es ist der Garaus, der ´Supergau` für den kleinen Staat. Die Verbannten leben weithin im Gefühl: Alles ist aus! Juda ist verloren! *Kein Helfer ist da, kein Tröster* (heißt es in den Klageliedern). „Helfer", „Tröster" sind Gottestitel. Die so reden, meinen: für uns gibt es keinen Gott mehr, wir vegetieren in einem gott-losen Zustand, denn der „Gott unserer Väter" hat uns verworfen (Jes 2,6). Aller Glaube war umsonst! Uns hilft nur noch die Gehirnwäsche unserer Besieger, künftig „mit den Wölfen zu heulen". Sie sagen uns:

Seid doch Realisten! Findet euch ab mit der neuen Realität, passt euch ihr an, das hilft euch zu überleben! Gott? Überlasst Gott doch sich selbst! Der hat euch nicht geholfen, der wird euch nicht helfen, der kann euch nicht helfen! Helft euch lieber selbst!

Ganz zeitgemäße Sätze – mögen da manche denken –, aber was hat die ferne Vergangenheit Israels oder Judas mit uns heutigen Christen zu tun? Ist das nicht Staub der Geschichte?

Wohl kaum! Ihr Christen – sagt der Apostel Paulus – habt nicht die Juden überlebt, die Kirche hat nicht Israel abgelöst, vielmehr wurdet ihr Christen dem Ölbaum Israel eingepfropft! (Röm 11,16ff).

Das bedeutet, dass sich in Not und Freude Isreals auch eure, der Christen, Not und Freude spiegelt und entziffern lässt!

Zurück zu Jesaja.

Die verschleppten Gottgläubigen, die Verbannten, sind ratlos, trostlos, am Verzweifeln: Kein Tröster da! Kein Helfer! Kein Gott! *An den Strömen Babylons saßen wir und weinten* (Ps 137,1). Resignation macht sich breit, weil sich nichts ereignet, die Lage sich nicht ändert, die babylonische Großmacht unerschütterlich scheint.

Heutige Menschen leben nicht selten in einer ähnlichen Resignation. Sie empfinden die Zeit, das Leben, die Welt wie ein Exil, wie Gefangenschaft, ohne Aussicht auf Änderung. Ein Klima sozialer Kälte und Gleichgültigkeit macht sich breit. Arbeitslosigkeit hängt wie ein Damoklesschwert über vielen, und an zahlreichen Arbeitsstellen werden Überlebenskämpfe ausgefochten. Profitgier, Ausbeutung, Korruption und Betrug auf Kosten ´der anderen` nehmen zu. Die Leidtragenden und Betrogenen quält ihre Ohnmacht. Politische Maßnahmen wirken oft kurzatmig oder ratlos vor den Mächten und Mechanismen des Marktes. In Sichtweite des Fernsehers häufen sich Naturkatastrophen und Unwetter, lassen Tod, Zerstörung, Teuerung, Hunger und Armut zurück. Die Zukunft der Erde als Wohnung der Menschen ist bedroht. Gewalttätige, hasserfüllte Konflikte zwischen Rassen, Sprachen und Gruppen, Reichen und Armen, Einheimischen und Fremden, Integrierten und Randsiedlern der Gesellschaft sind an der Tagesordnung. Massaker, todbringende Attentate und Entführungen offenbaren erschreckende Abgründe von Menschenverachtung.

Das Leben, das Wohl und Wehe Einzelner ist keinen Cent wert in vielen Regionen einer Welt, der seit Generationen eingeredet wird, es gebe „zu viele" Menschen. Nietzsche ließ Zarathustra (am Ende 19. Jahrhunderts) predigen: „Viel zu viele werden geboren: für die Überflüssigen ward der Staat erfunden ... voll ist die Erde von Überflüssigen". Solche Gedanken denken und aussprechen ist nicht harmlos, ist schon der Anfang der Tat. Und darin spiegelt sich – Nietzsche wusste es – der Tod Gottes in Denken und Handeln so vieler Menschen. *Die Welt ist eben so, die Menschen sind halt so – sagen die Leute: Da kann man, kann auch Gott nichts machen!*

Ganz ähnlich die Stimmung unter den Verbannten in Babylon. Ein kleiner Kreis nur ist es im fernen Land (Jes gehört dazu), der am „Gott der Väter", am Gott des Bundes festhält – zum Unwillen der meisten. Dieser kleine Kreis aber sagt: Was wir durchmachen, hat einen Sinn! Das kann man erklären! Gott hält die Zukunft offen! Was wir erlebt haben – Untergang unseres Staates, Verlust der Heimat – ist ein Stück Bundes-Drama! Wir haben den Bund mit dem „Gott der Väter" gebrochen, sind unserem „Herrn" abtrünnig geworden, sind in die Prüfung gekommen, und aufgedeckt wurde unser Verrat, unsere Sünde! Als untreu wurden wir befunden und als schlechte, treulose Knechte verworfen! Hier und jetzt ernten wir die Konsequenzen für Bundesbruch: Fluch, statt Segen; Tod, statt Leben.

Aus dem Glauben der Väter bietet der Prophet eine *Deutung* der schlimmen jüngsten Geschichte Judas. Doch ist das der geringere Teil seiner Botschaft. Er erkennt seine Berufung, die in der Fremde Entmutigten, Resignierten zu trösten:

Tröstet, tröstet mein Volk,

spricht euer Gott,

redet zum Herzen Jerusalems

und rufet ihr zu:

ihre Knechtschaft hat ein Ende, ihre Schuld ist vergeben (Jes 40,1f)

„Trösten" meint nichts Banales – jemandem übers Haar streichen: „Es ist nicht so schlimm". „Trösten" meint etwas Gewaltiges im Rahmen der Geschichtsschau: *Begnadigung* des Volkes durch Gott!

Das ist die Kernbotschaft des Propheten:

Ja, denn wie eine verlassene, bekümmerte Frau ruft dich der Herr zurück. Die Frau der Jugendliebe, kann man sie denn verstoßen? Eine kleine Regung lang habe ich dich verlassen, aber in großem Erbarmen hole ich dich wieder heim, ... spricht dein Erlöser, der Herr ...(Jes 54, 6-8.)

Es sind Worte der Liebe, Liebesschwüre aus Gottes Mund, die Jes vorträgt:

Steig auf einen hohen Berg, Zion, Freudenbotin! ... Sag den Stätten in Juda: Seht, da euer Gott! Seht, Gott der Herr kommt mit Macht! ... Wie ein Hirt führt er seine Herde ..., die Lämmer trägt er auf dem Arm, die Mutterschafe leitet er behutsam (40,9f).

Doch die Frohbotschaft dringt nur schwer durch die Resignation der meisten, sie reagieren skeptisch: Was soll, was kann sich schon groß ändern?

Aber es tut sich etwas. Unter Kyros erstarkt das *Perser*-Reich, am Horizont erscheint – „Zeichen der Zeit" – das Ende Babylons und das Ende des Exils. Jes liest die Ereignisse im Licht des Glaubens, sieht voraus, was sich da zusammenbraut. Verkündet, was er sieht: Gott führt in und unter all diesen Ereignissen seinen Heilsplan aus – und wählt sich Kyros, den Herrscher des Weltreichs, selbst zu seinem Werkzeug:

Aus dem Osten rufe Ich einen Adler, aus fernem Lande den Mann, den ich brauche. Hört auf mich, ihr Verzagten ...Ich selbst bringe euch das Heil, es ist nicht mehr fern (46,11f)

Welch eine Tröstung! Der „Gott der Väter" – nur eine Minderheit hofft noch auf ihn – erweist sich als der Einzige – „kein Retter sonst" (43,11), Herr über die Völker, „der Erste und der Letzte" (41,4);

Er wählt sich nach seinem Heilsplan Werkzeuge: Völker und Könige (und verwirft sie, wenn sie nicht taugen). Befreiung der Verbannten steht bevor – doch diese winken ab: *Kann man einem Starken die Beute entreißen? Kann dem Mächtigen der Gefangene entkommen?* (49,24) Natürlich nicht!, sagen sie und verharren in Trauer und Resignation, riskieren, die Stunde der *Ankunft* JHWHs zu versäumen. Sie zweifeln: *Du träumst doch – oder bist du Hellseher?* Jesaja erfährt Ablehnung, ja Feindschaft. Nicht nur die Botschaft, sein Leben ist bedroht (49,7; 52,13-53,12). So darf und muss er schließlich noch von einem anderen Werkzeug Gottes sprechen – das ist zunächst er selbst: ein unansehnlicher „Knecht" Gottes:

Mein Knecht hier, an den Ich halte,
mein Erwählter, den ich begnadigt habe.
Auf ihn gebe Ich meinen <u>Geist</u>,
den Nationen führt er das Recht aus (42,1),
so hat er in Gottes Namen auszurichten.

Geist (ruach, pneuma) ist Gottes Motivations- und Schubkraft, Einsicht und Mut, einem Menschen gegeben, um *Seine* Frohe Botschaft auszurichten an solche, die sie nicht glauben wollen.

Nicht schreit er,
nicht erhebt er,
nicht lässt auf der Gasse seine Stimme er hören,
ein geknicktes Rohr bricht er nicht,
einen glimmenden Docht löscht er nicht,
Recht führt er hinaus auf Treue (42,2-3)

Die Verse sagen: er verkündet keinen Gerichtsbeschluss von Gott her, kein Todesurteil auf der Gasse. *Darum* zerbricht er nicht den (angeknickten) Stab und löscht die Lampe nicht - vollbringt nicht diese alten Gesten des Unheilsbeschlusses. Er proklamiert einen anderen Richterspruch Gottes – die Begnadigung – als Zeugnis von JHWHs Treue.

Er selber verglimmt nicht,
er selber knickt nicht ein,
bis das Recht er eingesetzt auf Erden
und seine Weisung noch die Ozeanküsten erwarten (42,4)

Als Knecht und Frohbotschafter Gottes steht Jes vor den Seinen *und* vor aller Welt: als „Licht der Nationen" (42,6), das nicht nur Israel, sondern allen Völkern Befreiung aus dem Kerker der Finsternis und Todesmacht ansagt (42,7). Diese Verheißungen wirken weiter, bis in das Lukasevangelium: „Heute ist euch in Davids Stadt der Retter geboren, der Messias!", und himmlische Scharen preisen Gottes „Frieden auf Erden bei Menschen Seiner Huld"! (Lk 2,13f)

Jesajas Freudenbotschaft geht also über Kyros und über ihn selbst, den Propheten, hinaus und mündet in die christliche Freudenbotschaft. Hier wird sie verkündet den Verbannten, Gefangenen, Resignierten in der heutigen Welt von Hass und Gewalt, von Tsunamis und Erdbeben, den von vielfältiger Gleichgültigkeit und Verachtung gegen Menschen Bedrückten, wo ein anderer ´Gott`, Mammon, das Sagen hat. Die Frohbotschaft trifft auch heute auf schmerzliche Resignation, nicht selten Verzweiflung: *Wo ist denn etwas zu sehen von Gottes Herrlichkeit und „Frieden auf Erden"?! Bloß frommes Getue! „Fest der Familie" – vielleicht! Aber Unfriede herrscht auch in vielen Familien ...*

Bei den prächtigen Farben, in denen Jesaja die Heilszukunft malt, überhört man leicht deren Voraussetzung: „*Baut für den Herrn einen Weg durch die Wüste!* (Zwischen Palästina und Babylon liegt die arabische Wüste) *Jedes Tal soll sich heben, jeder Berg und Hügel sich senken! Was krumm ist, soll gerade, was hüglig, eben werden!"*

Voraussetzung ist *Hinkehr* zu Gott und Seiner Wegweisung. Abtragung von Bergen, Einebnung von Tälern, Begradigung des Krummen und Schiefen für den Bau einer Prozessionsstraße mitten durch die Wüste unserer Welt für Gottes Einzug kann heute nur bedeuten: durch die Wüste von Kälte und Entfremdung, von Hass oder Gleichgültigkeit, von Ausbeutung und Betrug, von offener oder heimlicher Menschenverachtung eine *Straße* bauen, die eröffnet wird durch Verständigung und Versöhnung, gepflastert mit Gerechtigkeit und Solidarität, begradigt durch Wahrhaftigkeit und Verlässlichkeit, geteert mit Güte und Menschenfreundlichkeit. Dies sind die Elemente der Prachtstraße für Gottes Advent (Ankunft) in der Welt von heute.

Die Bausteine für diese Straße aber hat Gott selber uns schon geschenkt. Seit unserer Taufe fügt er bei jeder Gelegenheit ein neues Element hinzu. Es liegt an uns, Sein Geschenk im rechten Moment auszupacken und – anzupacken.

Die Verheißungen von Jesajas Frohbotschaft realisierten sich in den nachfolgenden Ereignissen zwar ansatzweise (ein Teil der Exilierten kehrte zurück, baute – mit persischer Hilfe – den Tempel neu), doch gehen sie weit über die nahe Zukunft hinaus. JHWHs Königsherrschaft, Heil für Israel und die Völker weist weit hinaus in die Zukunft. Aktuell noch zur Zeit *Jesu,* finden sie durch ihn, mit ihm eine unerwartete Deutung und wunderbare Weiterführung. Unsere Zeit bräuchte wieder einen geistbegabten Propheten mit der Einsichts- und Sprachkraft eines Jesaja, der die „Zeichen der Zeit" von Gott, von Christus her versteht. Der 11. September 2001 steht als *Menetekel* immer noch vor uns. Doch Taten und Worte wie *Attentate, Bomben, Kriegsrüstung, Terror, „Kampf gegen das Böse"* erzeugen das Gefühl, dass Politiker und Medien auf Vordergründiges fixiert bleiben. Gottes *Gericht* und, nach tatkräftiger Umkehr, *Begnadigung* durch Ihn wird nicht erwogen. Abtragung von Bergen, Einebnung von Tälern, Begradigung des Krummen in der heutigen Welt ist zumeist kein Thema. Bräuchten sie nicht auch einen, der *blinde Augen öffnet* und befreit aus dem Kerker von Finsternis und Tod?

„ALLER AUGEN WARTEN AUF DICH"

Auch in der folgenden Überlegung geht es um den Realismus des christlichen Glaubens.
Zunächst allerdings wundert man sich oder fühlt sich wie vor den Kopf gestoßen. In allen vier Evangelien wird „Die wunderbare Brotvermehrung" erzählt. Erwägen wir hier einmal die Fassung im Johannesevangelium (6,5-15). Wer sie hört oder liest, mag denken: *Das waren noch Zeiten!* Oder: *Das sollte der Jesus heute mal machen! Die Menschheit hätte ausgesorgt!* Oder: *Wie hat er das gemacht?!*
Nirgends freilich sagt das Evangelium, Jesus habe die 5 Brote und die 2 Fische *vermehrt,* konkret: *vertausendfacht.* Es heißt ja, es seien 5000 Männer gewesen (nicht zu rechnen Frauen und Kinder – wir haben es hier nicht mit einer Männer-Wallfahrt zu tun). Die Fische werden am Ende nicht mehr erwähnt, nur die Brotstücke. Wovon ist dann aber die Rede?
Wir haben früher einmal gehört: Gott kann alles! Mit dieser Vorstellung gehen wir an den Text und sind geneigt zu denken: *Er wird wohl „aus Nichts" zusätzliches Brot geschaffen haben!*
Da ist von 200 Denaren die Rede (1 Denar war der Tageslohn eines Tagelöhners). Jesus hätte ja auch das Geld vermehren und an die Leute austeilen lassen können. Aber davon will er nichts wissen. Sein Ansatz ist der offenbar zufällige Vorrat, der Proviant, den ein Junge bei sich hat (Brot und ein Stück gesalzener Fisch machten damals ein Abendmahl – die Hauptmahlzeit – aus).
Eingangs der Erzählung ist scheinbar nebenbei von „Zeichen" die Rede (v 2: die Leute seien Jesus gefolgt, „weil sie die Zeichen sahen, die er an den Kranken tat"). Dieser Ausdruck – typisch für das Joh-Evangelium – fordert auf, schärfer hinzusehen, tiefer zu sehen, durch die Wand des Alltäglichen, Vordergründigen hindurch zu sehen. Man muss – wie Jesus zu den Jüngern im Mk-Evangelium (8,18) sagt – „Augen haben zu sehen und Ohren zu hören"!
Als Erstes verstehen wir: Das Wenige, das einer hat (hier: 5 Brote, 2 Fische) reicht aus für viele. Hintergrund des Evangeliums ist, neben der Manna-Speisung im Alten Testament, die Erzählung aus dem 2. Buch der Könige: der Gottesmann Elischa teilt 20 Brote unter 100 Männer aus, und davon bleibt noch übrig. Diese Erzählung vor Augen, sagt das Evangelium: Schaut – hier ist das, was Elischa tat, aber noch mehr als Elischa! Die *Zahlen* der Elischa-Erzählung werden überboten. Zahlen, die (im Altertum beliebt) symbolisch zu verstehen sind. Dazu nur kurze Hinweise. Zählen wir 5 (Brote) und 2 (Fische) zusammen, erhalten wir 7 – Zahl der Fülle, Vollkommenheit. Zählen wir nochmals 5 hinzu (die 5 von den 5000), erhalten wir 12 – symbolische Welt-Zahl und Zahl Israels (12 Stämme). Und 1000 ist in der Bibel Gottes-Zahl. Im Zahlen-Werk des Evangeliums, verglichen mit der Elischa-Erzählung, spiegelt sich die universale Gottes-Gabe und deren Fülle, ja Überfluss.
Ein weiterer Hinweis zeigt sich in dem Wort „Brotstücke". Das griechische Wort, das da steht, heißt genauer „das Gebrochene, die Brocken". Es meint, dass Jesus – der Sitte des Hausvaters gemäß – die Brotfladen brach oder zerriss und die gebrochenen Teile ausgab. Wörtlich erinnert Jesus im Mk-Evangelium in einem Nachgespräch die Jünger: „als ich die fünf Brote *brach* für die Fünftausend" (8,19). Ähnlich habe – sagt unser Text – Jesus es gemacht mit den 2 Fischen. Als die Menge gesättigt war, habe sich herausgestellt, dass eine Über-Fülle von Zerbrocktem in 12 (!) Körben übrig blieb.
An zentraler Stelle sagt unser Text: „Es nahm Jesus nun die Brote [die fünf!] und, als er das Dankgebet gesprochen hatte, übergab er sie den lagernden Leuten": Joh 6,11).
Wir neuzeitlichen Menschen sind so geartet, dass wir uns die Sache konkret vorstellen und ausmalen wollen: Jesus habe die 5 Brote tausend Mal gebrochen (in mikroskopisch kleine Teile, die niemanden satt machen?) und wunderbarer Weise seien ihm die Brot-Teilchen nicht ausgegangen.

Damit würden wir der Erzählung einen märchenhaften Zuckerguss hinzufügen, und die Geschichte wäre für uns Heutige praktisch bedeutungslos. Vielmehr sollen die Jünger verstehen, dass es auf den Akt des *Teilens*, des Miteinander-Teilens ankommt: dieser Akt des Teilens, des Miteinander-Teilens soll vermehrt, vervielfacht werden, auf ihm liegt Gottes Segen. Nur so wird verständlich, dass am Ende solch eine Menge (12 Körbe) von Brocken aufgesammelt wird: die Empfänger von Brot und Fisch haben auch untereinander geteilt!

Die Erzählung spricht also von einem „Wunder", das aber durchaus im Bereich unserer Erfahrung liegt. Wir kennen Feste, zu denen ein Anzahl Menschen eingeladen wird mit der Bitte, für die gemeinsame Verköstigung, fürs Büffet, etwas mitzubringen, beizusteuern. Oft bringen die Eingeladenen, wo sie nicht nur an sich, sondern auch an die anderen Gäste denken, so viel mit, dass am Ende ein Berg, jedenfalls ein Überschuss von wohl schmeckenden Speisen bleibt – und alle werden satt. In tieferer, wunderbarerer Weise wird in den eucharistischen Mahl-Feiern die Lebens-Hingabe Jesu uns zum Brot: er teilt sein menschlich-göttliches Leben mit uns und macht unzählige Menschen vieler Orte und Zeiten damit satt. Die Kirche ist eine Geschichte der Selbst-Mitteilung Jesu und des Miteinanderteilens von diesem Brot durch die Christen.

Wir dürfen das Teilen des Brotes, das Jesus für uns ist, nicht verengen auf die physische Speise.

Wir Menschen sind nun einmal Hunger-Wesen. Menschen hungern nach Brot, doch nicht nach Brot allein: sie hungern nach Gerechtigkeit, Güte, Verständnis, Freundschaft, Vertrauen, nach Freiheit, Respekt, nach Arbeit, nach Frieden und – nicht zu vergessen! - nach Zeit! Nach Zeit, die wir Vielbeschäftigte mit ihnen teilen: *Hast du einen Augenblick Zeit für mich? Kann ich mit Ihnen sprechen? Können Sie von Ihrer kostbaren Zeit ein paar Minuten erübrigen?* Es geht also nicht bloß vordergründig ums Brotbrechen, sondern um das Miteinander-Teilen des eigenen Lebens, angestachelt und befeuert vom Geist Jesu!

Das wird sehr gut deutlich in einer Anekdote aus dem Leben des Dichters Rilke :

Der Dichter Rainer Maria Rilke ging in der Zeit seines Pariser Aufenthaltes regelmäßig über einen Platz, wo eine Bettlerin saß, die um Geld anhielt. Ohne je aufzublicken, ohne ein Zeichen des Bittens oder Dankens zu äußern, saß die Frau immer am gleichen Ort. Rilke gab nie etwas, seine französische Begleiterin warf ihr häufig ein Geldstück hin. Eines Tages fragte die Französin verwundert, warum er nichts gebe. Rilke antwortete: „Wir müssten ihrem Herzen schenken, nicht ihrer Hand". Wenige Tage später brachte Rilke eine eben aufgeblühte weiße Rose mit, legte sie in die offene, ausgezehrte Hand der Bettlerin und wollte weitergehen. Da geschah das Unerwartete: Die Bettlerin erhob sich mühsam vom Boden, tastete nach der Hand des fremden Mannes, küsste sie und ging mit der Rose davon. Eine Woche lang war die Alte verschwunden; der Platz, wo sie zuvor gebettelt hatte, blieb leer. Nach acht Tagen saß sie plötzlich wieder wie früher an der gewohnten Stelle, stumm wie zuvor, ihre Bedürftigkeit zeigend durch die ausgestreckte Hand. „Aber wovon hat sie denn all die Tage gelebt?", fragte die Französin erstaunt. Rilke antwortete: „Von der Rose ..."

Eine eindrückliche, ein wenig traurige Geschichte, doch lehrreich in Bezug auf den Hunger der Menschen.

Ein neueres Kirchen-Lied bringt Wesentliches davon zur Sprache:

Wenn das Brot, das wir teilen, als Rose blüht ... Wenn das Leid jedes Armen uns Christus zeigt, und die Not, die wir lindern, zur Freude wird ... Wenn die Hand, die wir halten, uns selber hält, und das Kleid, das wir schenken, auch uns bedeckt, ... und der Tod, den wir sterben, vom Leben singt,

dann hat Gott unter uns schon sein Haus gebaut, dann wohnt er schon in unserer Welt, ja dann schauen wir heut` schon sein Angesicht in der Liebe, die alles umfängt!

Wenn wir von Jesus lernen und anfangen zu teilen, auszuteilen, zu geben in Barmherzigkeit und Güte, dann werden aus wenigen Gebern und wenigen Gaben viele Geber und viele Gaben. Solches Teilen steckt an, zündet Herzen – am Ende werden alle satt, und der Gaben sind übergenug.

Man kann sich freilich am christlichen Realismus dermaßen begeistern, dass man ´abheben` will – wie Petrus in der nun folgenden Episode. Dann kommt es darauf an, sich wieder ´erden` zu lassen: durch denselben Glauben.

ABGESTIEGEN ZU DEN ´TOTEN´

Das Evangelium von der Verklärung Jesu (Mk 9,2-10 Par) klingt vielen fremd, rätselhaft seine Züge. Wir erinnern uns: Jesus geht mit drei Jüngern auf einen hohen Berg und wird dort vor ihren Augen verwandelt, die Kleider strahlend weiß. Elija und Mose erscheinen und sprechen mit dem Verklärten. Petrus aber sagt, hier ist es gut, und will drei Hütten bauen für die drei Gottesboten. Doch eine Wolke überschattet sie, aus ihr ruft eine Stimme: Dieser ist mein geliebter Sohn, auf ihn hört! Darauf schauen die Jünger nur noch Jesus. Beim Abstieg von diesem Berg jedoch verbietet Jesus den Jüngern, das Geschaute publik machen, ehe er nicht von den Toten auferstanden sei.

Wer die Geschichte liest oder hört, weiß nicht, was er davon halten, wie er sie verstehen soll.

Doch mit Geduld lässt sie sich einigermaßen entschlüsseln.

Zunächst der *hohe Berg*. Wohl kaum der Rundberg Tabor in Galiläa, zu dem Israel-Reisende meist geführt werden. Denn er war zur Zeit Jesu militärisches Sperrgebiet. (29) Vielmehr ist wohl, in verdeckter Anspielung, der *Zion* gemeint, Jerusalems Tempelberg, zugleich Zentrum des Glaubens Israels.

Darauf deutet auch die Erscheinung von Mose und Elija, Repräsentanten der Thora wie der Messiaserwartung. Dort, im Tempelareal, hat Jesus in Anwesenheit seiner Jünger oft lehrend das Wort ergriffen (Mt 26,55 Par).

In der Erzählung des Evangeliums ist der *hohe Berg* (Zion) bereits Teil der Vision. Es ist der heilige Berg, wie ihn die Propheten sahen: der Berg des endzeitlichen Heiles, wo Gott zu Gericht und Vollendung der Schöpfung erscheint. Zugleich versinnbildlicht der Berg die Höhe und Erhabenheit der österlichen Schau. Der Erzähler – zugleich Seher – schaut Jesus, *vom Tod erweckt, mit himmlischer Herrlichkeit bekleidet* (das meinen die „strahlend weißen" Kleider). Zu ihm treten Mose und Elija, Autoritäten des Glaubens Israels. Es heißt, sie sprachen mit Jesus; worüber, wird nicht gesagt. Sie reden mit Jesus wie mit einem Ebenbürtigen, mehr noch: wie mit dem, auf den ihr eigener Glaube und ihre Erwartung ziel(t)en. Das unterscheidet sie vom Hohen Rat und den damaligen Führern des Volkes. Darin spiegelt sich die Überzeugung der frühen Christen: Jesus der *neue Mose* (Gesetzgeber) und *Messias*.

Petrus ist wie mit jugendlicher Begeisterung erfüllt. Viele meinen, er wolle sagen: Hier ist es schön, hier kann man`s aushalten, ´Ferien machen`. Nein, vielmehr artikuliert er erfreut das Gefühl, angekommen zu sein am Ziel aller Mühe, Suche, Kämpfe. Der Wunsch, drei „Hütten" zu bauen – für Mose, Elija, Jesus – kommt aus orientalischer Sitte: Gäste werden geehrt, indem man ihnen ein eigenes Zelt errichtet oder zur Verfügung stellt und zum Mitfeiern lädt. Die Hütten spielen auch wohl an auf das Herbstfest, Erntefest, *Laubhüttenfest*. Hier soll gefeiert werden die Ankunft des Heiles, die Vollendung der Schöpfung. Mk kritisiert an Petrus, er nehme nicht wahr, dass es sich bei der Schau um eine *Vision* handelt, um einen ersten *Blick* in die Herrlichkeit des Heils, noch nicht um den Endzustand.

Die *Wolke,* ein altes biblisches Sinnbild für Gott, ursprünglich Symbol der Wettergottheit Kanaans (Sturmwolke, Blitz und Donner), bedeutet, übertragen auf Gott: *Er* ist der, der die Not der Hitze und Trockenheit wendet, der Regen-Bringer, der Geber, Spender von Leben in Fülle. Ihr Blitz spiegelt sich in den überirdisch hellen Kleidern. Die Donnerstimme (in der Vision) weist hin auf Jesus, den von Gott Erwählten: *auf ihn hört!* Auf ihn allein! Darum gehen jetzt Mose und Elija aus dem Bild, bleibt Jesus allein übrig; in ihn münden ja die Heilslinien von Mose und Elija (so die Gewissheit der Urkirche).

Doch der Aufruf *hört auf ihn!* zeigt: Noch ist nicht aller Tage Abend! „Hörer" müssen die Jünger erst werden. „Hört auf ihn!" ist lebenslanger Auftrag an Christen.

---

29 *Flavius Josephus,* Der Jüdische Krieg IV 1,8; *R. Riesner,* Tabor, Berg in: Das Große Bibellexikon III (Wuppertal-Gießen 1989), 1517ff

Deshalb müssen die Jünger jetzt vom Berg der Schau wieder absteigen. Absteigen ins Tal, zur Erde – sich *erden* lassen. Der junge, begeisterungsfähige Mensch ist offen für Visionen, lässt sich gern und leicht in eine „Schöne neue Welt" versetzen. In seiner Hingabebereitschaft und Faszination durch das Geschaute würde er, falls die Chance sich böte, diese trübe Welt überspringen, in einem Todessprung gar, wenn es sein müsste. Doch *erwachsen* zu werden mutet ihm zu, *einzuwachsen,* Wurzel zu fassen in dieser Welt, dieser unvollkommenen, von Gegensätzen und Gegenmächten durchmischten Welt. In allem Eingehen in und auf diese Welt soll er aber die Vision nicht verlieren, nicht im schlechten Sinne ´realistisch` werden (resignieren), sondern heruntersteigend, unten weiter gehend soll er – hier unten – das Unsichtbare schauen, das Unhörbare hören, das Ungreifbare tasten – *so* von unten schauend soll er die Welt an seinem Weg neu gestalten.

Gewalttäter – Zeloten, Guerilleros, Terroristen – bemühen sich angestrengt und verzweifelt, Vision und Realität zusammen zu zwingen: diese alte Welt soll zerschlagen, beseitigt, die neue Welt – die Welt der Vision – unverzüglich, rücksichtslos, erbarmungslos mit erklärten Feinden, errichtet werden. Dass andere Menschen auch Visionen haben, andere Visionen als sie, ihre eigenen Visionen, spielt für terroristische Visionäre keine Rolle.

Das ist nicht *Jesu* Weg. Darum sollen die Jünger ihre Vision *vor* Jesu Auferstehung vom Tod niemandem nahe bringen. Denn die große Wende, die neue Schöpfung, das vollkommene Heil setzt den Tod voraus: den Tod Jesu, aber auch den Tod derer, die lernend seinen Weg mitgehen. In seltenen Augenblicken im Leben werden wir, wie die Jünger, auf den Berg geführt, dürfen schauen, was Gott mit unserem Leben vor hat, wie „gut" er es mit uns meint. Doch das im Glauben Geschaute, Verstandene, Erfüllende soll und muss den Kreuz-Weg mitgehen: den Weg ins Irdische, Mühsame, Ermüdende, ins Menschliche, Allzumenschliche, bis ins Sterben. Oft wird auch der Glaube – für Gefühl und Verstand – sterben, mitsterben. Scheinbar tot, wird er doch am Leben gehalten vom Lebensgeist Jesu. Unten auf dem Weg treffen Jesus und die Jünger den Vater eines schwerkranken Kindes. Wenn die Jünger am Ende ihres Weges auch nur, wie dieser Vater, noch sagen können *Ich glaube, hilf meinem Unglauben!*, gelangen sie wieder auf den Berg – nun für immer.

DER MENSCH DEM MENSCHEN EIN WOLF ?

Als Jesus bei einem ranghohen Pharisäer einmal zum Mahl geladen ist, nimmt er das richtige Benehmen von eingeladenen Gästen als mahnendes Sinnbild für demütig-zuvorkommenden Umgang der Jünger untereinander: wer sich als Gast unter Gästen wichtig macht und sich vordrängt, blamiert sich, wenn der Gastgeber das bemerkt und dem nach vorn drängenden Gast vor aller Augen und Ohren einen niedrigeren Platz zuweist. Lieber soll der Gast sich an einem unteren Platz niederlassen – dann hat der Gastgeber den Raum, bescheidene Gäste durch Höherrücken zu ehren. Umgekehrt wird auch der Gastgeber aufgefordert, seine Gastfreundschaft nicht bloß denen zu zeigen, die es ihm sozusagen ´zurückzahlen` können, sondern mittellose Arme, Krüppel, Lahme und Blinde einzuladen, was ihm dann Gott bei der Auferstehung vergelten werde (Lk 14,1. 7-14).

Dieser Abschnitt des Lukas-Evangeliums ist von der Art, dass die, die ihn hören oder lesen, denken: Ja, da ist etwas dran – aber ich sehe nicht, was es mit mir zu tun hätte. Werde ich mit anderen zum Essen eingeladen, benehme ich mich, wie es sich gehört, dränge mich nicht vor oder auf: damit habe ich kein Problem! Was aber dann gesagt wird, man solle, gibt man selber eine Tischgesellschaft, „Arme, Krüppel, Lahme und Blinde" einladen, anstelle von Angehörigen und Bekannten – das kann ja wohl nicht wahr sein! Wer macht schon so was?! Nicht mal dem Papst oder dem Bischof kommt das in den Sinn!

Vor vielen Jahren hat der sozialkritische Filmregisseur Luis Buñuel dieses Evangelium in dem Film „Viridiana" karikiert: unter den Klängen von Händels „Halleluja" stellen die eingeladenen Armen und Krüppel das Haus auf den Kopf und verwüsten den Salon der Gastgeberin. Buñuel wollte zeigen: das Evangelium, das Christentum überhaupt funktioniert nicht; es ist naiv, ihm fehlt das sozial- und stukturkritische Moment, das der Marxismus hat!

Aber das Evangelium ist – das missverstehen auch manche Christen – keine Handlungs-Anweisung, kein Praxis-Rezept. Oder sagen wir vorsichtiger: das Evangelium ist dies *meistens* nicht! Es will gewöhnlich zum Denken provozieren, zum *Um*-Denken, damit *daraus* ein neues Verhalten erwachse.

Jesus ergreift also nicht die Gelegenheit, um den Leuten Benimm-Regeln beizubringen. Um den „Knigge" ist es ihm nicht zu tun. Es heißt im Original schlicht: er erzählte ihnen ein „Gleichnis"!

Es geht gar nicht um die Tischgesellschaft des Pharisäers, es geht um ein „Hochzeits-Mahl"!

Das Hochzeitsmahl ist im Munde Jesu – wie schon bei den Propheten – Sinnbild für die Gemeinschaft mit Gott. *Er* ist mit dem Gastgeber im Gleichnis gemeint. Und wen *er* für würdig erachtet, wen *er* hoch stellt oder niedrig einstuft – sein Maßstab kann Wollen und Trachten von uns Menschen entgegengesetzt sein.

Wir Menschen möchten gern etwas gelten, in Ansehen stehen, „vorne" sein, da, wo man bewundert oder beneidet wird. Nicht selten kann man erleben, wie Menschen sogar buchstäblich die Ellbogen ausfahren, wenn es um etwas geht, das sie haben wollen. Im Straßenverkehr lässt sich das oft beobachten. Es ist der natürliche Trieb – man sieht ihn bei gesellig lebenden Tieren, ob in Haus, Zoo oder Wildnis, sobald es ums Essen, ums *Fressen* geht. Die Tiere sind wie wir – oder wir wie die Tiere. Natürlich sind Tiere ´ungezogen`. Aber sie haben dasselbe Lebensgesetz wie wir. Sie verhalten sich, wie wir *spontan* tun möchten – oder tatsächlich handeln, wenn uns niemand beobachtet. Der Erste zu sein, sein zu wollen, wird uns von der Gesellschaft früh bei-gebracht. Ein Werbe-Plakat brachte es vor einiger Zeit auf den Punkt: Niemand strengt sich an, um Zweiter zu werden (oder so ähnlich). Erster in einer Prüfung zu sein, bringt Vorteile. Als Erster die Antwort auf eine Frage zu wissen, die Lösung eines Problems zu finden, als Erster einen richtigen und nützlichen Gedanken zu haben, bringt weiter, bringt „voran". Vorankommen wollen alle.

Die Gesellschaft prämiiert das: in Schule, Wirtschaft, Parteien, auch in den Kirchen. Nobelpreisträger sind in der Regel Erste auf ihrem Gebiet. Doch viel beliebtere Identifikations-Gestalten als diese Geistes-Athleten sind die körperlichen Athleten der Sportarten.

Vor etlichen Jahren ging die Geschichte von einer jungen afrikanischen Sprinterin durch die Presse: sie war ein einzigartiges Laufwunder und siegte mühelos, mit großem Abstand vor allen Mitläuferinnen. Ein europäischer Trainer nahm sich ihrer an, sah in ihr die Sportlerin, die er zur absoluten Weltspitze führen konnte. Doch die junge Frau fand immer weniger Freude an ihrer Überlegenheit. Die Geschichte endete damit, dass sie, wenn sie merkte, dass sie den anderen weit voraus war, verlangsamte, ja stehen blieb, bis die anderen aufgeholt hatten, und mit ihnen gemeinsam ins Ziel lief. Von dieser Einstellung ließ sie auch nicht ab, als ihr empörter Trainer sie anbrüllte. Schließlich sah er ein, dass er aus ihr nicht die „Erste" der Welt ´machen` konnte, und ließ von ihr ab. Ihr war – so äußerte sie auch – soziales Denken wichtiger, Solidarität für sie ein vorrangiger Wert. Sie liebte den Sport – aber als Teamwork.

Sonderbarerweise sagt ein Hymnus über Christus (Phil 2) Ähnliches über ihn: Er *war* der *Erste*: Gott gleich. Doch er hielt diesen Rang nicht fest, presste ihn nicht fest an sich wie ein ´gefundenes Fressen`, sondern entäußerte sich, stieg herunter, machte sich klein, wurde Mensch unter Menschen, ja sogar zum Diener, zum Knecht machte er sich, gehorsam bis zum Tod am Kreuz! *Darum* – singt der Hymnus weiter – hat Gott ihn über alle erhöht und ihm einen Namen verliehen, höher als alle anderen Namen ...

Der Hymnus beschreibt in diesen Versen Christus als *maßstäbliche* Gestalt. Doch was kann das konkret bedeuten?

Nun, wir Christen meinen nicht, wir wären anders, gar besser, als die anderen. In stillen Stunden wissen wir wohl, dass wir ´mit den Wölfen heulen`, aus Überzeugung oder weil uns nichts anderes übrig bleibt. Wer nicht mit den Wölfen heult, hat in dieser Gesellschaft keine Chance, kann keine Familie, nicht einmal sich selbst ernähren. Wir werden auch sagen müssen: diese Welt mit diesem Lebensgesetz des Vorwärtskommens auf Kosten anderer, die hat der Schöpfer gewollt, und in sie hat er uns hineingestellt! Als Christen hat er uns, wie zuvor seinen Sohn, in sie hineingestellt, um uns mit Christus zu stärken und über sie *hinaus*zuführen! Die Kraft und Energie, die uns gegeben wurden, um voranzukommen, um möglichst Erster zu werden, die sollen wir (solange wir *hier* leben) wenigstens *auch* verwenden, uns kleiner zu machen, klein zu machen da, wo es not tut, wo ein Mitmensch uns braucht, unsere Hilfe braucht, unseren Beistand braucht, einfach unser Zeit-haben braucht. Wie oft hört man sagen: „ich mach` doch nicht die Drecksarbeit für den oder die!" oder: „Der XY hat doch tatsächlich einen Dummen gefunden, der`s für ihn macht!"

Auch Christen dürfen, sollen sich wehren, wenn jemand sie schikanieren will oder einfach nur zu träge ist, seine Arbeit zu tun. Doch sind sie zur Unterscheidung aufgefordert: wenn sie unter ihren Mitmenschen jemanden hilflos oder mutlos oder allein oder von Sorgen überladen sehen, sind sie gerufen, Zeugen zu sein dafür, dass sie zwar *in* der Welt sind, aber nicht *von* der Welt! Vielleicht „die Dummen" in den Augen der Egoisten, aber Schwestern und Brüder derer, die sonst verloren wären!

Christen, die es ernst meinen, seufzen oft und sagen: Ich will ja da sein für solche, die Hilfe brauchen, aber oft komme ich an meine Grenzen und denke, dass Nächstenliebe gar nicht ´geht`, dass sie eine Überforderung für uns Menschen darstellt. Diesem bekannten Gefühl des Überfordertseins wollen wir noch mehr Aufmerksamkeit zuwenden.

NÄCHSTENLIEBE – GEHT DAS ?

In einem Abschnitt des Buches Deuteronomium (5 Mose 30,10-14) fordert Gott, durch Moses Mund, das Volk auf, sich neu zu ihm hinzukehren „mit ganzem (*kol*) Herzen und mit ganzer Seele". Denn nicht im Himmel sei das Gotteswort abgelegt noch an einer fernen Küste, sodass man erst übers Meer fahren müsste, um es zu bekommen (vv 12-13). Vielmehr sei es „sehr nahe bei dir" (dem Volk), nämlich „in deinem Mund und in deinem Herzen, so dass du es *tun* kannst" (v 14). Etwas Entscheidendes wird hier vom Gottes-Wort gesagt, etwas, das wir leicht überlesen oder überhören: Das Gottes-Wort ist dazu da, dass seine Empfänger es *tun* (hebr. *l* ^e ‹*asot*). Inhalt, Sinn und Zweck des Gottes-Wortes ist sein *Getan-werden*. Damit das Volk sich darüber völlig klar werde, wird es aufgefordert, „den Herrn (JHWH), deinen Gott, zu *lieben*", *indem* es auf seinen Wegen geht und seine Weisungen einhält (v 16).

Gemeint ist das Bundesgesetz, das, zusammengefasst im Zehngebot, schon einige Kapitel vorher dargelegt wurde. Es ist ja, nach Israels Überzeugung, der selbe und eine Gott, der die Liebe zum Nächsten einfordert und der die ungeteilte Liebe und Treue zu Ihm, dem Herrn, gleichsam prüft und überprüft am rechten Verhalten zum Nächsten. Der „Nächste" – er wird auch oft als „Bruder" oder als „Volksgenosse" bezeichnet – ist zu damaliger Zeit in der Hauptsache der Mit-Israelit, also der Glaubens- und Volksgenosse, aber auch der Fremde, der Gastrecht genießt. Bis heute wird im Orient der Gast heilig gehalten und den Angehörigen gleich geachtet.

Mit Nächsten-Liebe ist nicht eine emotional-sentimentale Leistung gemeint, sie meint vielmehr das rechte *Tun;* nicht das Gefühl (etwa Sympathie, Mitgefühl) macht Nächsten-Liebe aus, sondern das Tun! (Gefühle können das Tun natürlich erleichtern, aber auch erschweren!) Im Zehngebot wird das rechte Tun am Nächsten vor allem durch negative Abgrenzungen deutlich: den Nächsten liebt, wer ihm nicht ans Leben will, nicht in dessen Ehe einbricht, sich nicht an seinem Hab und Gut vergreift usw.

Positiv gesagt: seinen Nächsten liebt, wer dessen Leben und Lebensgrundlagen achtet.

Von ähnlicher Struktur ist die Jesus-Botschaft, die wir auch als Frohe Botschaft, Lehre, Offenbarung usw. bezeichnen. Die Gleichnisse beginnen häufig mit einem Tun, das sinnbildlich und im weiteren Verlauf auf ein Tun der Hörer abzielt: *Ein Sämann ging aus und säte ...* (Mk 4,3 Par); *ein Mann veranstaltete ein großes Gastmahl, lud viele dazu ein und sandte seinen Knecht aus ...* (Lk 14,16f Par); *ein Mann, der verreisen musste, übertrug seinen Knechten die Verwaltung seines Vermögens* (Mt 25,14f Par); *ein Mann hatte zwei Söhne; zu beiden sagte er: geh und arbeite heute im Weinberg!* (Mt 21,28-31)

Auch im *Samariter*-Gleichnis, oft *das* Gleichnis der Nächsten-Liebe genannt, wird die Liebe als *Tun* beschrieben und erläutert: ein Tun, das auf den verwundeten Hilfsbedürftigen und seine Grundbedürfnisse achtsam und sorgfältig eingeht. Nächsten-Liebe im biblischen Sinn kann man daher oft mit Nächsten-*Hilfe* übersetzen.

Das anfangs zitierte Deuteronomium bringt noch einen wichtigen Gesichtspunkt ein: es sagt, du kannst die göttlichen Weisungen halten, sie sind nicht zu schwer (30,11). Aber gerade das denken wir so manches Mal im Lauf der Zeit: es ist oft mühsam, „den inneren Schweinehund zu überwinden", d.h. diese so verbreitete Neigung zur Gleichgültigkeit nach dem Motto „Jeder ist sich selbst der Nächste" oder „Jeder muß selber sehen, wo er bleibt" ... Der hilfsbedürftige Mensch, der uns fordert, weil er sich selber zu wenig helfen kann, der betreut sein will, ständig nach jemand ruft, er *nervt* auch, macht die anderen erst aggressiv, dann hart, schließlich abgestumpft; zwar tun wir dann vielleicht das Nötige, aber mit angespannter Miene, lassen erkennen: du bist uns eigentlich zuviel!

Und der oder die Betroffene merkt, wie uns zumute ist, reagiert enttäuscht oder verletzt, und wir erkennen: wir helfen diesem Menschen jetzt zwar mit der einen Hand, mit der anderen fügen wir ihm aber eine neue Verletzung zu. Wir fühlen uns schuldig, obwohl – ja, gerade weil wir helfen! Da kommt das Menschliche, Allzumenschliche, zum Vorschein, sozusagen der alte Adam, die alte Eva ...

Das Erste Testament hat aber diese Dinge gar nicht sehr im Blick, es legt die Betonung auf das andere, auf die Hilfe, die *uns* gegeben ist, um Gottes Weisung zu halten: es bedarf keines großen Aufwandes, man muß kein Himmelsstürmer sein, kein sturmerprobter Kapitän der Meere, um sie in seinen Besitz zu bringen: sie ist schon da, spricht in unserem Herzen, und wir können sie formulieren.

Das ist bedeutsam auch für das Samaritergleichnis: Jesus sagt am Ende *nicht*: *Jeder* Mensch, der ausgeraubt ist, verletzt und hilflos daliegt, ein jeder solcher ist dein Nächster – nein, er fragt den Gesetzeslehrer: Wer von den dreien ist dem Hilfsbedürftigen *zum Nächsten geworden?*

Bemerken wir den Unterschied! Jesus kehrt das Problem um: Sag selbst, lass dein Herz sprechen, und *so* beantworte dir deine Frage: Wer ist mein Nächster? !

Der Angesprochene hat offenbar ein Herz, er kann mit dem Verletzten mitfühlen, er gleicht darin dem Samariter, und so kann er nicht anders als antworten: der, der die Barm*herz*igkeit an ihm getan hat! (Lk 10,37). Sein Herz, sein Innerstes, worin Gottes Gesetz niedergelegt ist, gibt ihm die Antwort ein.

Jesus braucht nur noch anzufügen: Du weißt also Bescheid – du wirst von innen geführt, handle entsprechend und *lass dich von deinem Herzen zum Nächsten dessen machen, der dich braucht!*

Damit stimmt auch die *Goldene Regel* überein, die ebenfalls im Evangelium steht: *Behandle deine Mitmenschen so, wie du von ihnen behandelt werden möchtest!* (Mt 7,12 Par)

Kommen wir nochmals auf das genannte Problem zurück: Wir helfen, wollen helfen, aber allzu oft verstricken wir uns, vergessen uns, helfen mit der einen Hand und fügen mit der anderen neuen Schmerz zu. Wir fühlen, unsere Kraft ist begrenzt, und oft können wir uns selber deshalb nicht leiden. Insgeheim denken wir: aus mir als Christ oder Christin müsste die Nächstenliebe nur so fließen ..., ich erlebe aber oft das Gegenteil, vielleicht fehlt es mir an Gnade, müsste ich mehr beten ... Oder es steigt in einem der Trotz hoch (wie einst bei Sigmund Freud) und man sagt, dieser Mensch, dem ich helfen soll, verdient es ja gar nicht, ist undankbar, schwierig, erschwert es mir unnötig – die Sache ist nicht durchführbar!

Nein, die Kraft, den Nächsten zu lieben, ist kein fester Besitz, nicht willkürlich und dauerhaft verfügbar. Das gilt aber auch vom Gefühl der Überforderung oder Unfähigkeit. Was uns dauernd gegeben ist, ist dieses Gesetz im Herzen, dieser Kompass im Inneren, der uns befähigt, das Ungute oder Böse, das wir tun, zu erkennen, tagtäglich umzukehren zum Gewissen, zu Gott, nüchtern und realistisch im Blick auf unsere menschliche Armut. Sie wahrzunehmen und zu ihr zu stehen, macht und hält uns demütig und bewahrt uns vor Selbstruhm, vor dem Paulus warnt. Eine seiner tiefsten Erkenntnisse lautet: *für dich ist genug meine Gnade, denn (ihre) Kraft wird in Schwachheit vollendet* (2Kor 12,9).

Die Liebe Gottes zu uns erfüllt sich darin, dass *er* uns in unserer Armut und Schwäche annimmt – wir selbst sind ja vor Ihm die Bedürftigen, mit Wunden Geschlagenen, hilflos am Straßenrand Liegenden, und ER geht auf uns zu, reinigt, verbindet unsere Wunden, hilft uns auf, hilft uns weiter, trägt uns zu Zeiten ein Stück Weges, besorgt uns einen anderen Menschen, geht dann weiter zum Nächsten, kehrt aber danach zurück und wendet das auf, was uns zur Heilung noch fehlt für die nächsten Schritte, bis wir wieder fallen – denn vor Ihm sind wir alle Hinfällige ...

ER ist das Urbild des barmherzigen Samariters!

DER SPRUNG ÜBER DEN SCHATTEN

Die Seligpreisungen des Evangeliums (Mt 5,3-12; Lk 6,20-26) werden häufig missverstanden. Man meint, die Christen würden aufs Jenseits vertröstet. Im Jenseits würden Ungleichheit und Ungerechtigkeit, die das irdische Leben prägen, aufgehoben und ein Ausgleich hergestellt. Zugleich – so versteht man die Wehe-Rufe – werde Vergeltung geübt: diejenigen, denen es hier gut geht, müssten ´drüben` die Seiten wechseln, ihnen gehe es dann schlecht.

Das sind so alteingesessene Meinungen, zumal beim großen Publikum außerhalb der Kirchenwände, dass dagegen nur schwer anzukommen ist. Wir wollen es dennoch versuchen.

Zunächst: Seligpreisungen und Weh-Rufe sind Teil der *Frohen Botschaft*! Der Frohen Botschaft, dass Gott selbst zu den Leidenden und Gedrückten gekommen ist. Jesus wird von den Zeitgenossen zuerst als Ausrufer dieser Frohen Botschaft wahrgenommen. Dann aber, als er Kranke heilt und sich öffentlich abgestempelten Sündern zuwendet, fangen manche an zu verstehen, dass er nicht bloß Ausrufer der Frohen Botschaft ist, sondern ihr Träger; dass er nicht bloß Reklame macht, sondern die Frohbotschaft bewahrheitet: an und durch sich selbst. Erschrocken und selig zugleich verstehen vor allem die Geheilten und Wiederversöhnten, dass der von Jesus angekündigte Gott in ihm selbst, in Wort und Tat, da ist und wirkt.

Für die Menschen, die selig erschrecken über diesen Frohen Botschafter, entsteht eine *neue* Welt, um sie herum bildet sich ein neues Miteinander und Füreinander, ein Sich-Verstehen und Sich-Akzeptieren, Einander-Achten und, wo erforderlich, Füreinander-Dasein. Diese neue, von Gleichgültigkeit und Hass geheilte Welt hat ihre Mitte in Jesus, durch ihn in Gott.

Diese neue Welt und Gesellschaft nennt die Bibel „Reich Gottes". Jede christliche Gemeinde ist davon eine Unter-Gruppe, berufen, dieses Gottes-Reich an ihrem Ort darzustellen und zu leben.

Die frühe Kirche macht nun aber eine typische Erfahrung: wie seiner Zeit für Jesus selbst, haben die Bedrückten, an den Rand Geschobenen, die Leidenden, die Unterschicht (sozial gesehen) am ehesten offene Ohren für die Frohbotschaft der Verkünder und Boten. Sie sehnen sich aus innerster Not nach Besserung ihrer Lebensverhältnisse, nach einer alternativen Gesellschaft, wo sie willkommen sind, verstanden werden, wo sie ihren Platz – einen menschenwürdigen Platz – haben. Und sie finden das in den neu entstehenden christlichen Gemeinschaften, in deren Lebensordnung und in dem sie inspirierenden Geist. In der herrschenden Großgesellschaft ist das anders, damals wie heute.

Die Armen, Kranken, Verschuldeten, Bettler, Behinderten, die „Sünder" sind Randsiedler der Gesellschaft (erst recht, wenn Sozialgesetze fehlen). Sie sind die *outcasts*, die „Aussätzigen", die *looser* (ewige Verlierer), die keine „Fortüne" haben. Man gibt ihnen mehr oder weniger deutlich zu verstehen, dass sie an ihrer Misere eigentlich selber Schuld tragen, sonst wären sie ja nicht da, wo sie sind.

In der Gegen-Welt, Kontrast-Welt christlicher Gemeinschaft und Gemeinde aber finden sie Heimat und Zuhause. Darum sind sie hier „selig" und dürfen sich selig preisen.

Wir ahnen nun, wie schlimm es ist oder wäre, wenn Außenstehende Recht hätten mit ihrer Parole, Christen seien auch nicht besser als andere ... Schlimm weniger für die Christen als für die ´Ausgegrenzten`, für welche die Großgesellschaft kein Herz hat. Die *Frohe* Botschaft würde unglaubwürdig.

Was gilt von den Wehe-Rufen? Sie gelten den *jetzt* Reichen, Satten und Lachenden. *Reich* sind die, die haben, was sie wollten, und haben, was sie brauchen („Danke! Ich brauche nichts! Ich gebe nichts!"). *Satt* sind sie, wenn sie denken und reden: „Uns fehlt nichts".

Lachende sind sie, die denken und sagen: „*Wir* haben`s *geschafft*! Sieg! Wir sind *besser* als die anderen!" Und: „Nach uns die Sintflut!" Vielleicht noch: „Geiz ist *cool*!"

Von Menschen dieser Einstellung sagt das Evangelium: „Sie haben ihren Trost schon weg" (nämlich ihr Hab und Gut). Eine weitere Tröstung kommt nicht nach (das Evangelium ist ja keine für sie!).

Es ist die gleiche Mahnung, die – ein paar Kapitel weiter (Lk 16) – Abraham dem Reichen gibt, als der bittet, er möge Lazarus zu seinen Brüdern schicken und sie warnen. Abraham: Sie haben Mose und die Propheten! - auf Deutsch: sie haben ja die Bibel! Das Evangelium!. Die jetzt Satten werden irgendwann spüren, dass ihnen doch etwas fehlt; sie werden hungern (und vielleicht nicht einmal wissen, wonach). Die jetzt Lachenden werden weinen und klagen, denn irdische Siege sind ebenso vergänglich wie das Glück (Fortüne), das sie bis jetzt hatten; der „grüne Zweig", auf den sie jetzt gekommen sind, wird irgendwann welken oder brechen (die Weisheits-Schriften der Bibel sind voll solcher Erfahrungen).

Dann geht ihr Wehklagen ins Leere. Sie werden merken, was sie von dem haben, was ihnen jetzt ihr „Ein und Alles" ist, was ihnen bleibt ..., was ihr Leben dann noch ist: „ein kahler Strauch auf dürrem Wüstenboden, auf salzigem Land, allein" (Jeremia), ohne Mitmenschen, die ihr Schicksal kümmert, fruchtloses Verdämmern ..., falls nicht ein Mitmensch, den das eigentlich ´gar nichts angeht`, mit einer unverständlichen Kraft (woher hat er die?) ´über seinen Schatten springt` und ihm beisteht – gegen alle Logik.

Solche Gedanken sind hart, machen Teile der Angesprochenen aggressiv. Wir wissen es jedoch alle aus Erfahrung: Wer unter einem anderen Menschen leidet, wehrt sich heftig und deutlich, seine Tonlage kann nicht die eines ´Ausgeruhten` sein. Das machen die folgenden Überlegungen noch eindrücklicher.

PLANET DER EINSAMEN

Viermal im Lauf der Geschichte probierten mächtige Herrscher ein grausames Experiment: Sie ordneten an, neugeborene Kinder, statt von ihren Müttern, von Ammen aufziehen zu lassen; die Ammen durften die Kinder zwar stillen und säubern, doch keinesfalls ansprechen und liebkosen. So sollte sich zeigen, welche Sprache die Kinder anfangen würden zu reden. Doch so weit kam es nie. Die Kinder siechten dahin und starben. [30]

Die schrecklichen Experimente zeigen nur eines: Menschen – von den Kindern bis zu den Alten – sind lebensfähig nur, wenn sie Aufmerksamkeit, Zuwendung und gute Worte bekommen. Der einsame Mensch, um den sich niemand kümmert, dem das Gefühl abgeht, für andere wichtig oder wertvoll zu sein, verliert Lebensmut und Lebenswillen.

Christliche Gemeinden sind von Anfang an berufen, die Not der Einsamkeit in den Blick zu nehmen, den Einsamen, Übersehenen, Ausgegrenzten, Fallengelassenen Heimat zu geben.

Denn der Gott, für den Jesus steht, holt die Menschen, indem er sie liebt, aus der Einsamkeit heraus – das ist Teil seiner Liebe – , lässt sie teilnehmen an seinem dreieinigen Leben und führt sie so verbindlich zusammen zu einer Gemeinschaft und Gemeinde.

So schon der Gott des Ersten Bundes. Er wendet sich an die Menschen nicht als „Singles", sondern als Familie, als Gruppe, als Gemeinschaft, Gemeinde, Volk ... Und Er sucht und befreit dieses kleine, herumgestoßene, von den Großmächten malträtierte Volk.

Und wie – bei den Propheten ebenso wie in den Evangelien – der Hirt oder Vater dem Verlorenen nachgeht, bis er es findet; wie er es einfügt in die Herde, in seine Familie, sein Volk, so sollen auch Christen handeln; im Bewusstsein, dass Er auch sie gefunden hat unter den Völkern, sitzend im Schatten des Todes, ja unter der Gewitterwolke des Todes, sollen sie ihre Erwählung ratifizieren durch die aktive Sorge um die Verlorenen, Schwachen, Vergessenen, welche die Starken als Späne bei ihren Hobelarbeiten hinterlassen.

Einsamkeit ist in unserer Gesellschaft ein Massenschicksal, betrifft Junge und Alte. Und der Single-Trend ist nicht nur eine Mode, sondern auch Anzeichen für einen verbreiteten Vereinsamungsprozess in den westlichen Gesellschaften.

Die konkreten Ursachen der Einsamkeit sind vielfältig: Krankheit, Behinderung, Tod; zerbrochene Beziehung; Arbeitslosigkeit; versteckte und offene Armut – um nur einige zu nennen. Derartige Ursachen machen die Kontaktschwellen zu den anderen hoch und höher.

Zuwendung jedoch über diese Barrieren hinweg (hinter denen die Vereinsamten sich auch verstecken) wirkt heilend, hilft leben. Einsamkeit und Einsame unter vielen Gesichtern und Masken gibt es schon im nächsten Umfeld, und bei entsprechender Aufmerksamkeit nehmen wir sie auch wahr.

Doch ist unsere Welt zusammengerückt, und die Massenmedien machen uns mit Elendsgesichtern vertraut, die Tausende Kilometer von uns entfernt existieren, viele davon extrem bedürftig, an der Grenze zur Resignation. Mehr als die Tausende Kilometer trennt uns eine soziale Schranke, ja ein krasser Gegensatz: Geld und Lebensstandard. Es sind überwiegend Arme, die nacktem Kapitalismus ausgeliefert sind. Dessen Betreiber kümmern die Armen nicht, und das macht schon die Propheten zornig (*Amos* 5,7-12.21-24; 8, 4-7; *Micha* 2,1-3; 6,7f). Jene überlassen die Armen sich selbst. Soziale Ungleichheit und Ungerechtigkeit erzeugen aber unter Leidtragenden nicht nur Kummer und Fatalismus, sondern auch Zorn und Hass: bei einzelnen, bei ganzen Volksgruppen.

---

30 Vgl. dazu etwa *W. Wickler,* Antworten der Verhaltensforschung (München 1974), 189f

Wir selbstbewussten Menschen der westlichen, reichen Länder achten sehr genau darauf, dass für alle Glieder unserer Gesellschaften Menschenwürde, Grundrechte und Gerechtigkeit eingehalten oder herbeigeführt werden. Aus Erfahrung wissen wir, dass soziale Unterschiede, ja Gegensätze den inneren Frieden gefährden.

Doch nehmen wir es oft apathisch oder ungerührt hin, wenn in armen Ländern Menschenwürde verletzt, Menschenrechte missachtet, riesige soziale Gegensätze aufgerissen und grobe Ungerechtigkeiten begangen werden. Meist wollen wir nicht so genau wissen, ob, früher wie heute, die Politik der Industriestaaten die Armut der armen Länder vielleicht noch verschärft. Politiker, Unternehmer, Manager handeln vielfach in unserem Auftrag – ein Auftrag, der in politischen Wahlen, in ökonomischen Ansprüchen und in unwidersprochener, in gemachter öffentlicher Meinung der Meinungsführer zum Ausdruck kommt. Noch immer wird die Schuld am Elend der wirtschaftlich Armen und sozial Schwachen häufig ihnen selbst zugewiesen: die Leute seien nicht fleißig, nicht clever genug, hätten die falsche Regierung und die falsche Politik. Dabei flimmert der schreiende Gegensatz zwischen Reich und Arm in der heutigen Welt – und sei es in schwarz-weißen, wackligen Bildern – durch Fernsehen und Spielfilme auch in die ärmsten Baracken und Behausungen und lässt die Zuschauer begreifen, dass kein unergründliches Schicksal sie von jener besseren Welt fernhält. Ist es verwunderlich, dass dieser seit vielen Jahrzehnten anhaltende Zustand vielerorts Bitterkeit und Verzweiflung erzeugt ?

Dass Armut und Zurücksetzung ohne Hoffnung auf nahe Veränderung zum Nährboden wird für verzweifelte Abenteurer mit zynischer Devise: Wenn euch Reichen unser Leben, unsere Rechte nichts wert sind, sind uns eure Leben auch gleichgültig!, und die mit mörderischer Gewalt ihren Hass zeigen, der noch ihre einzige Lebensflamme ist ?

Keine Frage, Bomben-Attentate sind abscheuliche Verbrechen. Kein Gott, keine Religion stiftet dazu an. Zudem verhärten Gewaltakte die Herzen der Betroffenen und bewirken als Reaktion leicht eine Gewaltspirale. Ähnlich sind kriminelle Akte wie Entführung von Gruppen und Einzelpersonen, Piraterie und Erpressung, ausbeuterisch-skrupellose Einschleusung elender Migranten in Länder des Wohlstands – ebenso verzweifelte wie Widerstand provozierende Maßnahmen – Alibi-Taten anstelle von Lösungen für die konkrete Not vor Ort.

Aber an diesem Punkt sollten wir nicht aufhören zu denken und zu fragen. Könnte es sein, dass wir verstrickt sind in den „heimlichen Unschuldswahn" der modernen Gesellschaft, „mit dem wir Schuld und Versagen, wenn überhaupt, immer nur bei ´den anderen` suchen, bei den Feinden und Gegnern, bei der Vergangenheit, bei der Natur, bei Veranlagung und Milieu", wie ihn vor mehr als drei Jahrzehnten die *Würzburger Synode* anprangerte? (31) Könnte es sein, dass Politik und Einstellung („Laissez faire") der reichen Länder auf die Menschen der armen Länder weder freundlich, friedlich noch solidarisch wirken, wenig christlich, womöglich unchristlich? Könnte es sein, dass westliche Lebensart – the Western *Way of life* – „über Leichen geht", wie ein Kommentator sagte? Gewiss gibt es rühmenswerte private und kirchliche Initiativen (neben geringen staatlichen Hilfen); deren finanzieller und persönlicher Einsatz lindert manche Fälle ärgster Not, weckt Hoffnung. Doch ist dies nicht selten eine Hilfe mit der linken Hand, die nicht weiß (oder wissen will), was die rechte tut.

Jesus kann – wie die Propheten – hart reden, liebt ´Schocktherapie`; nennt auch die Jünger „böse", ja „satanisch", wo sie Gottes Heilswillen widerstreben (Mt 7,11; Mk 8,33).

---

31 *Unsere Hoffnung* – Beschluss der Gemeinsamen Synode der Bistümer in der Bundesrepublik Deutschland (Sonderdruck Bonn 1975, Nr.5, S.25f)

Die Betroffenheit der Leute über den eingestürzten Turm von *Schiloach,* der 18 Menschen unter sich begrub, schockiert er mit der Frage: *Meint ihr denn, die übrigen Einwohner Jerusalems hätten dieses Schicksal nicht verdient? Im Gegenteil: Wenn ihr nicht alle umdenkt, werdet ihr ähnlich ins Verderben stürzen!* (Lk 13, 4f) (32)

Jesus will aus Herzenshärte, aus Verstocktheit aufrütteln, auch seine heutigen Hörer. Und trifft auf Protest: Attentäter und Entführer sind doch böse, sind Menschenverächter, Mörder?!

Doch muss der Protest Gegenfragen gewärtigen: *Liebt ihr denn nicht nur die, die euch lieben? (Mt 5, 46) Woher nehmt ihr die Sicherheit, dass ihr besser seid als jene? Dass euer Tun und Lassen und dessen Auswirkungen weniger Menschenleben kosten? Wenn ihr nicht umdenkt, wird der vernichtende Hass euch alle treffen!*

„Hört dieses Wort!", sagt der Prophet *Amos,* „ihr, die ihr die Schwachen verfolgt und die Armen unterdrückt!" Zweifellos: eine harte Rede, wer kann sie anhören? (vgl. Joh 6,60)

Weithin besteht Einigkeit, dass Gewalt allein keine dauerhafte Lösung bringt und die Menschen einander noch mehr entfremdet, noch mehr verfeindet. Aber es ist Zeit, umzudenken, umzukehren hin zu den Einsamen, Vergessenen, Elenden – sowohl hierzulande wie auch andernorts in der Welt. Zeit, weitere konkrete Schritte zu überlegen und zu tun.

Gottes Menschenliebe, in Jesus Christus so strahlend aufgebrochen, Gottes *Caritas* durchbricht alle Grenzen, ist wahrhaft *inter-national.* Und unsere zerrissene Welt benötigt das lebendige Zeugnis der christlichen Hoffnungsgemeinschaft gegen die vielfältigen Mächte und Gewalten des Todes – als Heilssakrament für die Welt.

---

32 Zur Auslegung dieses Textes siehe *K. Fischer,* Schicksal in Theologie und Philosophie (Darmstadt 2008), 314-317

VOM REICHTUM DER ARMUT

Eine ähnliche Sicht eröffnet die Parabel von dem Mann, der sich über einer glänzenden Ernte zur Ruhe setzen will, äußerlich wie innerlich. Die Erzählung (Lk 12,16-21) bedarf keiner weitläufigen Erklärung. Einige zusätzliche Erwägungen könnten jedoch seiner Aktualisierung nützen.

Gesunder Menschenverstand kennt das Problem nur allzu gut: Ein Mensch kann – wie man so sagt – „nichts mitnehmen" auf die letzte Reise (die Beigaben, die man im Altertum Fürsten und anderen Vornehmen ins Grab gelegt hat, liegen immer noch dort, falls nicht [quicklebendige!] Räuber oder Archäologen sie an sich gebracht haben). Daher fangen weise gewordene Menschen in vorgerücktem Alter an, sich von Hab und Gut zu trennen. Doch geht es Jesus um mehr. Unmittelbar vor der Parabel weist er das Ansinnen zurück, er möge bei einem Erb-Streit helfen, und nützt den Anlass, die Zeugen zu warnen vor „*Pleonexie*", das heißt, vor Habsucht, vor dem Immer-mehr-haben-wollen (vv 13- 15).

Darin bestehe *nicht* der Sinn des Lebens. Genauer übersetzt, heißt es: im Überfluss von Gütern besteht nicht *das Leben*! Meint: Was verloren gehen, zerrinnen, zerfallen kann, was keiner „mitnehmen" kann, all das – die Fülle an Reich- und Besitztümern – sei nicht *das Leben*!

Im Erwerbsstreben sucht jeder Mensch im Grunde nach Sicherheit. Er will das erwerben und behalten, wovon und woraus er leben kann. Insofern ist Geld- oder Sach-Besitz *Sicherheit*. Mehr zu erwerben, mehr zu haben bedeutet entsprechend mehr Sicherheit. Das natürliche Sicherheitsbedürfnis kann aber leicht entarten, eindimensional werden: man schafft, werkt und macht, um eines Tages soviel Sicherheit zu haben, dass sie für unabsehbar „viele Jahre" reicht – wie der Bauer der Parabel. Aber gegen den Tod gibt es keine Sicherheit; wenn er kommt, ist das Leben, sind alle Sicherheiten dahin, für die man ein Leben lang gearbeitet hat. *Dieses* Leben und die *hier* erreichbaren Absicherungen *überleben* den Tod nicht. Dieses Leben hält am Ende nicht, was es verspricht.

Einige hoffen freilich, sie könnten dem Tod ´ein Schnippchen schlagen`. Vor Jahrzehnten schon ließen sich vermögende Leute unmittelbar nach ihrem Ableben tiefkühlen, in der Hoffnung, irgendwann, wenn die Medizin über ihre Todkrankheit gesiegt habe, noch einmal zum Leben erweckt zu werden.

Das ist jedoch medizinisch sehr fraglich. Und wenn schon, wäre doch die ärztliche Kunst nur ein Anfang: das zweite Leben müsste sich doch lohnen, es müsste besser, zumindest nicht schlechter sein als das vorige! Auch dafür gibt es keine Sicherheit, dafür könnte niemand garantieren. Zumal solche Rückkehrer ins irdische Leben sich völlig fremd wiederfinden würden in einer Welt, die sie in jeder Beziehung überlebt hat.

Es ist schon so: Unter dem Sicherheits-Aspekt betrachtet, hält dieses Leben nicht, was es verspricht. Der Tod wischt all unsere Sicherheiten fort, sie alle sind selber *hin-fällig*.

Eine Alternative wäre, auszuschauen nach jenem Leben, dem der Tod nichts anhaben kann, und in *ihm* Sicherheit zu suchen.

Aber das stellt Anforderungen. Christentum ist nicht vergleichbar einem Betriebsausflug, wo man nur im Bus Platz nehmen muss, um dann sicher ans Ziel gefahren zu werden. Jede(r) muss selber steuern und sich an den vielen Wegkreuzungen des Lebens jeweils neu vergewissern, wo man hin will, welches das Ziel ist. Anders gesagt, müssen wir uns stets neu entscheiden, wer Herr über unser Leben sein soll: unser Ego, der „Mammon", oder eben der biblische Gott, der in vielen Situationen an uns appelliert, nicht den breiten Weg der Egoisten, Gleichgültigen und Gedankenlosen zu gehen, sondern die *Alternative* zu wählen, den schmalen Weg, den Er führen will. Ein gereiftes Gewissen wirkt dann wie ein Tastsinn, der den sehr schmalen Gottes-Weg finden und gehen lässt.

Das große Publikum hält ernsthafte Christen für ziemlich verrückt. Wie im Evangelium ziehen sich viele, die als Christen angetreten sind, später von Christus zurück, da sie, wenn es ernst wird, entdecken, dass sie nicht wirklich glauben, bei ihm Leben und Sicherheit zu finden. In den Situationen und Stationen des Lebenswegs werden wir oft gefragt: Wollt auch ihr weggehen? Die Antwort der Jünger aber ist vielen zu hoch: „Wohin sollen wir gehen? Du hast Worte ewigen Lebens!" (Joh 6,66ff).

Doch haben schon die Menschen des Ersten Bundes in ihrer Geschichte Gott immer wieder als Inbegriff von *Leben* erfahren, nannten ihn deshalb *El Chaj* : Gott, der Leben ist; Leben, das Gott ist.

Dieser „lebendige Gott", besser übersetzt: Dieser Gott, der Leben ist, hat (nach christlicher Urerfahrung) seine Nähe, seine Lebendigkeit, seine Lebens-Macht an dem Gekreuzigten erwiesen, hat ihm, dem Zerschlagenen und Durchbohrten, Anteil an Seinem Leben gewährt (das ist es im Kern, was die Kirche meint mit dem Bekenntnis: *auferstanden von den Toten, sitzend zur Rechten Gottes*).

Das Evangelium will die Hörer aufrufen und ermuntern zu einer Umkehr, das heißt, zu einem vertrauenden Glauben, der seine letzte Lebensbasis nicht in hinfälligen Gütern hat, sondern mit Christus in Gott, der Leben schlechthin, Fülle von Leben ist. Der Glaubende tut einen entscheidenden Schritt: er zieht die Wurzel seines Daseins aus der vergänglichen Erde und macht sich fest, wurzelt sich neu ein in Gott, der Leben ist. (33) Er hat verstanden, dass der Mensch nicht bloß von Brot lebt, sondern vom Wort der Liebe, Treue und Verheißung aus Gottes Mund (Dtn 8,3; Mt = Lk 4,4).

Ein Mensch, der glaubt, der darauf traut, dass Gott sein Leben ist und sein wird, wird anders umgehen mit den Gütern des irdischen Erwerbs. Sie füllen sein Herz nicht mehr aus.

Die Warnungen an die Reichen vor dem Reichtum – eigentlich vor dem Bemühen, durch Immer-mehr-haben-wollen letzte Sicherheit zu erlangen – haben die Christen von Anfang an beschäftigt und beunruhigt. Aber was bedeuten sie für Christen unserer Zeit – für Christen, die in einem vergleichsweise reichen Land leben, statt in Armut, ja Elend, wie der größere Teil der Menschheit?

Im 19. und 20. Jahrhundert sind wir, in Auseinandersetzung mit dem *Marxismus,* darauf gestoßen, dass es wirtschaftliche und gesellschaftliche *Strukturen* gibt, welche die Armut ganzer Länder verursachen, begünstigen und konservieren. Hier harren vor allem weitgehend *politische* (auch konsum-politische) Aufgaben der Bearbeitung und Lösung – eine Sache nicht nur weniger geschulter Personen, sondern, im Prinzip, von allen Beteiligten.

Die Christenheit erkannte von Anfang an, dass die Warnungen vor dem Reichtum („ihr könnt nicht Gott dienen und dem Mammon" = Q Mt 6,24 Par) bedeutsam sind für christliches Leben überhaupt.

Auch in unserer Zeit kann sich das christliche Gewissen nicht einfach abfinden mit der Welt, wie sie ist: zweigeteilt in Reich und Arm.

Schon vor Jahrzehnten haben lateinamerikanische Bischöfe und Theologen – herausgefordert durch die sich verschärfende Armut ihrer Völker – in *Puebla* (1979) die christliche Solidarität mit den Armen erläutert: es gehe um das weitgehende Teilen der Lebensbedingungen der materiell Armen, und zwar durch eine einfache, schlichte und nüchterne Lebensführung, durch Verbannung „des Reichen" aus dem eigenen Herzen (nämlich Habsucht und Stolz), und durch Anstreben eines geistlichen Kindseins und Offenseins für den Ruf Gottes.

---

33 Diese Aussage darf – um ihrer Realisierbarkeit willen – nicht zu einfach und harmlos verstanden werden. Was hier als „Schritt" bezeichnet wird, ist in der biographischen Realität ein lebenslanger, von Rückfällen geplagter Prozess, ein immer wieder gefühltes, in Prüfungen bestandenes oder verlorenes Wagnis.

Vergleichbar damit ist die Antwort, welche die ökumenische Mönchsgemeinschaft von Taizé gefunden hat. Im Wissen darum, dass in Mitteleuropa eine Gemeinschaft arbeitsfähiger Männer selber nicht lebensgefährlich arm werden kann, im Bewußtsein jedoch christlicher Verantwortung vor den Armen zumal in der Südhälfte unserer Welt spricht die *Regel* von Taizé von der „Einfachheit" *(simplicité)* und von der „Vereinfachung" *(simplification)* der Lebensweise, von der „beständigen Vereinfachung deines Lebens durch den Glauben ... : Weise die unnützen Lasten zurück, damit du die Lasten der Menschen, deiner Brüder, besser vor Christus deinen Herrn tragen kannst". Diese Lebensweise vertiefe die Verfügbarkeit *(disponibilité)* für Gott und Mitmenschen.

Empfohlen wird ein einfacher Lebensstil, offen für die Schönheit der Schöpfung und Freude an ihr. (34)

Damit wird eine Einsicht aufgenommen und bestätigt, die wir im Grunde schon in den Propheten und Psalmen finden: entblößt, frei sein von den Gütern der Welt (die man nach Paulus gebrauchen soll, als brauche man sie nicht: 1Kor 7,30f) macht den *cani,* den Armen, aus, der vor Gott schlicht ist, demütig, hörfähig, ehrfürchtig, der auf Gott hofft und aus seiner Weisung lebt. Ihn meint auch Mt 5,3 mit der Seligpreisung des „Armen im Geiste", was die Armut als Geisteshaltung bedeutet.

Christen, die sie leben, sind Zeugen alternativen Lebens, alternativer Werte und Prioritäten – bedeutsam nicht zuletzt auch in Zeiten von Wirtschaftskrisen in den Industriestaaten. Sobald Aktienkurse, Kapital-Anlagen, Kapital-Vermehrung, Umsatz- und Wachstums-Zahlen etc., zweifellos unentbehrliche Größen und Faktoren, nicht jenen obersten, allein herrschenden Rang einnehmen, den Christen nur Gott einräumen, können Denken und Handeln frei(-er) werden für mitmenschliche Solidarität, für soziale Gerechtigkeit, für solidarisch-humanen (statt willkürlichen) Umgang mit Mitarbeitern und Angestellten, für verantwortliche Überlegungen zu deren angemessener Entlohnung und Mitwirkung.

Die Lukas-Parabel vom reichen Kornbauern enthüllt so ihre unerschöpfliche Aktualität.

---

34 *fr. Roger,* Les sources de Taizé (Taizé 1980), dt. *Frère Roger,* Die Quellen von Taizé (Freiburg-Basel-Wien 1987). Statt „Regel" zieht die Gemeinschaft heute den offeneren Ausdruck „Quellen" vor.

DER GEIST ALS WIDERSACHER DES VORURTEILS

Mit der seelisch-geistigen Reifung von Menschen geht in der Regel eine Weitung des Horizonts und, vor allem, eine Weitung des Herzens einher. Doch diese ist auch mit Angst verbunden. Eine kurze, wenig beachtete Erzählung im Alten Testament kann noch heute zu denken geben.

Mose versammelt auf Gottes Geheiß siebzig Männer rings um das Offenbarungszelt – sie sind ausersehen, fortan die Last des Volkes mitzutragen, um Mose zu entlasten (Num 11,16f) – und Gott legt von dem „Geistbraus" (Buber), der auf Mose ruht, auch auf sie, sodass sie in prophetische Verzückung geraten.

Da wird eine Merkwürdigkeit entdeckt, die einen jungen Mann namens Josua in tiefe Beunruhigung versetzt: Zwei Männer, die auf der Liste der Siebzig stehen, sind aus unbekannten Gründen der Zeremonie ferngeblieben; doch auch sie werden vom Gottesgeist ergriffen wie die anderen. Josua redet nun auf Mose ein, er möge es den beiden „wehren": obwohl sie den Gottesgeist empfangen hätten, sollten sie das Amt, für das er sie befähigen will, nicht ausüben dürfen. Doch Mose hat erkannt, dass es nicht *sein* Geist ist, den die Männer empfangen hatten, und dass es Menschen nicht zukommt, Gottes Handeln beschneiden zu wollen. Er wehrt daher nicht den Männern, sondern Josuas (aus Anhänglichkeit an Mose erregter) Eifer- und Herrschsucht und kontert sie mit dem Wunsch: Möchte der Herr Seinen Geist doch auf *alle* legen! (Num 11,28f).

Es ist *die* Gefahr der Frommen aller Zeiten, im Namen Gottes den Ausschluß derer von Seiner Gnade zu betreiben, die *anders* sind *als sie selbst* und als ihre Vorstellungen.

Auch die frühe Kirche um Petrus und die Judenchristen machten mit Gottes Geistgabe ähnliche Erfahrungen; davon gibt die Apostelgeschichte Kunde: „fassungslos" waren sie, „dass auch auf ´die Heiden` die Gabe des Heiligen Geistes ausgeschüttet worden war" (Apg 10,45ff).

Ein relativ ausführliches Lehrstück dieser Art finden wir im Mk-Evangelium (9,38ff):

Einer der Zwölf macht sich wichtig und berichtet – der Anerkennung Jesu sicher – von einem Mann, der in Jesu Namen Dämonen austrieb, d.h. Kranke heilte; „wir aber taten alles, um ihn daran zu hindern". Wichtig war dem Jünger also nicht, daß der fremde Mann mit Hilfe des Namens Jesu offenbar erfolgreich wirkte, leidende Menschen heilte, sondern dass er *unerlaubterweise* – „weil er uns nicht nachfolgt" – den Namen Jesu im Mund führte und damit Gutes tat.

Engherzigkeit ist eine (oft unerkannte) menschliche Schwäche, die sich auch in der Kirche nicht selten zeigt.

Ist es aber nicht *Paulus,* der den Christen versichert, dass „jeder, der den Namen Gottes anruft, gerettet werden wird" (Röm 10,13; Joel 3,5)? Und *Jesus* antwortet dem Jünger: *„Hindert ihn nicht!"* Denn keiner, der in seinem Namen Wunder vollbringe, werde Jesu Vollmacht anzweifeln. Und: *„Wer nicht gegen uns ist, ist für uns"*!

Gottes Geschichte mit seinem Volk angesichts der vielen Völker der Welt ist eine sich immer mehr verdeutlichende, immer umfassendere Liebesgeschichte.

Keinen, der ihn sucht, *stößt Gott zurück* – stößt auch der nicht zurück, in dem Gott sich ein menschliches Antlitz gegeben hat: Jesus. In seinen Taten und Gleichnissen *sucht Gott* gar geradezu *diejenigen, die* von ihresgleichen – *von Menschen* – *verlassen* und beiseitegeschoben wurden: die Schwachen, Kleinen, Unglücklichen, Aussätzigen aller Art.

Dennoch hat es den Anschein, als würden viele – nicht selten fromme – Leute in ihrem Eifer (ihrer Eifersucht) *Gott verfehlen*, weil Seine Großmut, Geduld und Freiheit *ihre* Kraft übersteigt.

Sie wollen Gottes Gnade Grenzen setzen – und merken nicht, wie sehr sie damit sich selbst begrenzen: Geist und Seele. (35)

Kritische Texte der Bibel wie die vorgenannten lassen unwillkürlich an *aktuelle Probleme* in den Beziehungen der römisch-katholischen Kirche zu den anderen christlichen Kirchen denken.

Im Übereifer warnen manche Amtsträger und Professoren öffentlich, man müsse die katholische Kirche vor den Protestanten „retten". Seit einiger Zeit werden katholische Gläubige amtlicherseits gemahnt, die evangelischen Kirchen *nicht* „Kirchen" zu nennen: diese hätten allenfalls kirchliche „Elemente"; seien aber keine Kirchen im katholischen Verständnis des Wortes. (36) Die Begründung ist im Grunde die gleiche wie im Evangelium: „weil sie uns nicht nachfolgen" – uns, der römisch-katholischen, um den Primat des Papstes zentrierten Tradition. Schon *Paulus* betont jedoch: „Keiner kann bekennen: ´Jesus ist der Herr`, außer im Hl. Geist" (1Kor 12,3). Eine tiefere, vollkommenere Einheit als die *im Hl.Geist*, als die, die *Gott selbst* herstellt, kann es aber nicht geben.

Daher sagt das *2. Vatikanische Konzil,* die getrennten Christen sollten „als *Brüder* [Geschwister] *im Herrn* anerkannt" werden (Ökumenismusdekret 3,1).

Der Hl.Geist selbst habe sich nämlich gewürdigt, die *anderen* Kirchen und kirchlichen Gemeinschaften als „*Mittel des Heils*" zu gebrauchen. Wenn der Hl.Geist die Christen miteinander geschwisterlich „im Herrn", im *Kyrios,* verbindet, dann sind sie *ipso facto* miteinander auch in der „Kyriaké", das heißt der Kirche, verbunden.

Wenn jemand sagt: *Wir* haben aber *mehr* Hl.Geist, *mehr* Gnade, *mehr* Glauben *als die anderen,* weiß er nicht, was er sagt. *Hl.Geist, Gottes Gnade, Glaube* sind *nicht teilbar,* es gibt davon nicht mehr oder weniger (sowenig wie bei der *Liebe*), vielmehr gibt es – nach *Paulus* – nur „*einen Geist,* der alles in allen wirkt", nur *eine Gnade, einen Glauben*; freilich gibt es verschiedene Geistes-*Gaben,* doch kommen sie alle *aus dem einen Geist* (1Kor 12,4-12).

Es könnte sein, dass wir das Geschenk der Einigung und Einheit der Kirchen nur empfangen können, wenn wir uns bereit finden, die *verschiedenen Kirchen*, über traditionelle Selbstbegründungen hinweg, neu zu sehen als *verschiedene Glieder und Geistesgaben an dem einen Leib* des Herrn, der – Er, der Herr! – „alles" – das Heil – „in allen wirkt" (1Kor 12,12-27).

Was aber wird dann – nochmals – aus den „Mängeln" der „getrennten Kirchen", von denen das Konzil ja auch spricht? *Mängel* sind bedeutsam, *wenn* sie *wesentlich* sind. Was sind *wesentliche* Mängel?

Machen wir es uns klar an Beispielen aus anderen Lebensbereichen.

Zum Beispiel wird jeder Christ sagen, ein wesentliches Ziel der *Ehe* sei die Gründung einer Familie.

Nun kommt es nicht ganz selten vor, dass Paare ungewollt kinderlos bleiben. Doch betrachtet man dies nicht als so wesentlichen Mangel, dass man solch kinderlosen Paaren das Ehe-sein abspricht.

Die katholische Kirche lehrt nur, eine Ehe komme gar nicht zustande, wenn dem Paar der Kinder*wunsch* von vornherein fehle.

35Ein Beispiel: Der deutsche Moraltheologe *Bernhard Häring* berichtet in seinen Erinnerungen an die Krise um das päpstliche Rundschreiben „Humanae Vitae" (1968), einer der Theologen der Minderheitskommission (deren Position der Papst sich zueigen machte) habe mangels überzeugender Sachargumente endlich geäußert, es sei „undenkbar, dass der Heilige Geist 1930 mehr bei den anglikanischen Bischöfen als bei der römischen Kirche gewesen sei": Meine Erfahrung mit der Kirche (Freiburg-Basel-Wien 1989), 88.

36 Diese Sätze aus der römischen Erklärung „Dominus Iesus" (von 2000) haben heftige Irritationen ausgelöst, weil sie Willen zur Abgrenzung verraten, wo das Konzil sie als Anerkennung und Brückenbau verstand. Die nachkonziliare Kritik des offiziellen evangelischen Konzils-Beobachters *Edmund Schlink* scheint immer noch aktuell zu sein: Leider „ist das Verständnis der Grenzen der Kirche so eng geblieben, dass dadurch ... das in der Kirchengeschichte verborgene Geheimnis der trotz Kirchentrennungen unaufhebbaren Einheit des Leibes Christi in unzulässiger Weise rationalisiert und die umfassende Weite der Una Sancta verkannt wird": Nach dem Konzil (München-Hamburg 1966), 91.

Oder nehmen wir ein *Fußballspiel.*Es geht nach den Regeln *wesentlich* um das Erzielen von Toren. Es gibt aber, wie man weiß, Spiele, in denen kein Tor fällt, die also 0:0 ausgehen. Trotz dieses Mangels hat ein *Fußballspiel* stattgefunden. Nur wenn eine Mannschaft *von vornherein* gar nicht aufs Toreschießen ausging, sagt man, sie wollte (oder konnte) nicht Fußball spielen.-

Für *Protestanten* hatten Katholiken lange Zeit einen *wesentlichen* Mangel, weil diese – das biblische Zeugnis verletzend – glaubten, der am Kreuz für uns gestorbene Christus werde in jeder hl. Messe „unblutig" aufs neue „geopfert". Die fachliche Verständigung der theologischen Kommissionen hat erkennen lassen, daß diese Formulierung eine einseitig-mißverständliche, unbeholfene und – buchstäblich genommen – falsche Ausdrucksweise war. Gemeinsamer christlicher Glaube kann heute klar bekennen: Jesus Christus ist *einmal*, d.h. *ein für alle Mal* für uns gestorben, es gibt davon keine Mehrung oder Wiederholung. In der Eucharistiefeier wird der Kreuzestod Jesu Christi „für uns" durch Gottes Geist in Gestalt der Gedächtnisfeier gegenwärtig gesetzt; der Priester ist für diese Feier lediglich der Diener von Amts wegen.

Katholiken sagten von den anderen: Die Evangelischen haben keinen Papst!, oder: sie ´glauben` nicht an einen Papst als Nachfolger des Apostels Petrus. (Die orthodoxen Christen tun das auch nicht) Ist das ein *Wesensmangel*? Und bezeugen überdies nicht auch sie festen Willen und aktive Sorge, den *einen* Glauben an Jesus Christus, den von Gott gegebenen Heiland und Retter, rein zu halten und gegen Missdeutungen zu schützen, wofür etwa die berühmte *Erklärung der Synode von Barmen* (1934) *gegen die Vermischung des Christentums mit der NS-Rassenideologie* ein Beispiel ist? Ebenfalls hat die NS-Zeit gezeigt, dass er *auch* in der evangelischen Glaubensgemeinschaft *Märtyrer und Heilige* gibt, auch wenn sie dort offiziell nicht so genannt noch dazu erklärt werden.-

Aus dem Abstand der Jahrhunderte wird man das besondere Charisma – die Geistesgabe – der evangelischen Christen als Glieder am *einen Leib* Christi in ihrer betonten Treue zur Hl. Schrift sehen. Ein weiteres Charisma, das die evangelische Christenheit prägt, ist ihre – auf Paulus gegründete – Überzeugung von der „Freiheit eines Christenmenschen". Die katholische Christenheit hat ihnen gegenüber das Charisma des Sakramentalen: für den katholischen Glaubensvollzug bildet die Eucharistie die Mitte der Gemeinde – zusammen mit den anderen 6 Sakramenten. Demgemäß ist auch die sonntägliche Gottesdienst-Teilnahme für katholische Christen gebräuchlicher als für evangelische Gläubige. Zudem sind Disziplin und Geschlossenheit der katholischen Kirche ihre traditionelle Stärke.

Manchmal liegt darin freilich auch Schwäche: seit Jahrhunderten bis heute beklagen nicht bloß die evangelischen, sondern auch die orthodoxen Christen sowohl die Rechthaberei wie auch die Unbeweglichkeit der katholischen Amtsträger (deshalb war es für sie alle eine Sensation, als 1959 ausgerechnet ein Papst ein Reform-Konzil ankündigte und auch durchführen ließ).

Die biblischen Texte, die unseren Ausgangspunkt bilden, werfen auch ein Licht auf das katholische *Nachspiel zum Berliner Ökumenischen Kirchentag* (2003). Der Priester, der bei jener landesweit vorangekündigten Abendmesse auch evangelische Christen zur Kommunion einlud, hat gewiss provoziert und die katholische Disziplin verletzt. Doch hätte ein Bischof, statt offiziell zu bekunden, „keine andere Wahl" als die Suspendierung des Mannes gehabt zu haben, hätte er, den Evangeliumstext bedenkend (es findet sich, außer bei Mk, auch in Lk 9,49f!), die Angelegenheit nicht niedrig hängen können, bedenkend, dass *Gott* Seinen Geist auch an jene Christen und Menschen gibt, denen *wir* ihn nicht so leicht geben würden; dass, wer nicht gegen Christus ist, für Christus ist; dass die Einheit der Christen (für sie betet Jesus: „dass sie eins seien wie wir [Vater und Sohn]" – Joh 12,11) allemal wichtiger ist als die kirchliche Disziplin – hätten also der Bischof und seine Berater den Fall nicht niedrig hängen können, ja müssen?

Manche kirchliche Kreise zitieren gern das Pauluswort „Paßt euch nicht der Welt an!" und ´vergessen` ebenso häufig seine Antithese: „sondern wandelt euch (*oder:* lasst euch wandeln) durch ein erneuertes Denken, damit ihr prüfen könnt, was der Wille Gottes ist" (Röm 12,2), der auf jeden Fall *konkret* und in den *Situationen und Ereignissen* begegnet.

Der *hl.Ignatius von Loyola*, ein Zeitgenosse der Reformation, lehrt *„dass jeder gute Christ bereitwilliger sein muss, die Aussage des Nächsten zu retten, als sie zu verurteilen; und wenn er sie nicht retten kann, erkundige er sich, wie jener sie versteht; und versteht jener sie schlecht, so verbessere er ihn mit Liebe; und wenn das nicht genügt, suche er alle angebrachten Mittel, damit jener, indem er sie gut versteht, gerettet werde"* (Geistliche Übungen Nr.22).

EIN PAPST ALS VORBILD IM GLAUBEN

Herzens- und Glaubensenge war in der Kirche von Anfang an ein Problem, das ihre Existenz und ihre Zukunft bedrohte. Davon gibt die Apostelgeschichte (Kap.15) ein eindrückliches Beispiel. Sie erinnert dort an eine erste Kirchenversammlung, die den ersten entscheidenden Konflikt der Kirchengeschichte überwinden sollte. Es ging um die Zugangs-Bedingungen zu Taufe und Kirche. Die frühe Kirche stand vor dem unerwarteten Phänomen, dass sich eine zunehmende Zahl von Nicht-Juden, von Gottes Geist ergriffen, dem Messias (Christus) Jesus zu wandte. Die Traditionalisten konnten nicht anders denken, als dass solch heidnischen Neuchristen, wie gewohnt, die Bedingungen für jüdische Konvertiten auferlegt werden müssten (Beschneidung, Thora-Gehorsam), wollten sie das in Jesus erschienene Heil empfangen – sahen sie doch die „Christus Jesus-Gemeinde" nach wie vor als Teil Israels. Petrus, Paulus, Barnabas und andere erkannten aber, dass Gott der jungen Kirche einen geschichtlichen Aufbruch zumutete, der neue Wege nötig machte. Sie wussten die Mehrheit der Versammlung zu überzeugen, sodass sie (wie bei Konzilien üblich) einen Beschluss fasste, der ein Kompromiss war: statt wie Konvertiten, sollten die Neuankömmlinge aus dem Heidentum nur die Bedingungen erfüllen, wie sie für die „Gottesfürchtigen" Israels galten. Die Traditionalisten wurden getadelt, da sie „ohne Auftrag" heidenchristliche Gemeinden verunsichert hätten. Wesentlich war diesem sogenannten Apostelkonzil die Einsicht, dass der Heilige Gottes-Geist diese Entscheidung getroffen habe, sodass die Apostel beschließen mussten, was Gott vorentschieden hatte: „Der Heilige Geist und wir haben beschlossen ..." Die judenchristlichen Traditionalisten freilich fanden sich mit diesem Konzilsbeschluss nicht ab; für sie war diese Öffnung nicht von Gott legitimiert, sondern Verrat an ihm. Sie verfolgten ihre Opposition so lange weiter, bis sie – zwei Jahrhunderte weiter – vom neuen kirchlichen Leben beiseite geschoben und mit der rein musealen Bedeutung der Zu-Spät-Gekommenen bestraft wurden, womit sich auch der damalige Konzilsbeschluss erübrigte.

Für die Wahrnehmung historischer Parallelen erscheint es nun bedeutsam, dass nach Abschluss der ersten Periode des 2. Vatikanischen Konzils der selige Papst Johannes XXIII., schon todkrank, die im Konzil versammelten Bischöfe der Welt in einem Brief eindringlich aufforderte, jene in der Apostelgeschichte (Kap. 15) beschriebene erste Kirchenversammlung zu meditieren, da sie „das vollkommene Modell eines Konzils" darstelle, [37] insofern dort die Grundentscheidung ansteht: Verharren in einer ein für alle Mal festgelegten Tradition mit unüberholbarem Geltungsanspruch oder von Gott gewollte Öffnung der Kirche zu Welt und Völkern mit der Maßgabe, die bisherige Tradition zu öffnen, indem ihr Kern (ihre Substanz) von ihrer raum- und zeitbedingten Einkleidung und Begrenzung unterschieden und im Blick auf die Heilsbedürfnisse der Völker fortgeschrieben wird (diese Unterscheidung hatte der Papst in seiner Ansprache zur Eröffnung des Konzils selbst getroffen).

Der Missionar Paulus, ursprünglich selbst jüdischer Traditionalist, erkannte, dass Gott die Christen „zu Dienern des Neuen Bundes befähigt" habe, „nicht des Buchstabens, sondern des Geistes; denn der Buchstabe tötet, der Geist macht lebendig" (2Kor 3,6).

Dem Papst lag daran, die Konzilsväter zu veranlassen, ihre Erkenntniskraft darauf zu richten, was Gott heute mit der Kirche vorhabe, damit auch sie beschließen könnten, was Gott durch seinen Heiligen Geist bereits vorentschieden habe.

Der Papst, selbst ein Fachmann für Kirchengeschichte, wollte die Aufmerksamkeit der Bischöfe und ihrer theologischen Berater auf „das Heute Gottes" (Roger Schutz) lenken.

---

37 Nach *P. Hebblethwaite*, Johannes XXIII. (dt. Zürich 1986), 596, zit. bei *S. Hübner*, „Im Geheimnis Gottes leben" – Ein theol. Zeugnis aus dem Raum des Atheismus (St. Ottilien 2008), 51 Anm. 28.

Das Stichwort „aggiornamento" (worin das italienische Wort „giorno" = Tag steckt) sollte den Teilnehmern nicht eine billige Modernisierung (als wäre die Botschaft der Kirche eine Eintagsfliege) suggerieren, sondern sie an die Wachsamkeits-Gleichnisse der Evangelien erinnern, worin Bereitschaft gefordert wird für den ungeahnten „Tag, an dem euer Herr kommt" (Mt 24,42; 25,13) zur Prüfung und Gerechtmachung seiner Welt. Das Wort „aggiornamento" war für den Papst also kein Etikett oder Reklametrick, sondern Ausdruck des Glaubens an den Gott, „der ist und der war und der kommt", an den „Pantokrator" (Apk 1,8).

Zehn Tage vor seinem Tod, körperlich sehr geschwächt, doch in völliger Geistesgegenwart, erklärte er seinen am Krankenbett versammelten Mitarbeitern, er wolle in ihrer Anwesenheit „den Akt des Glaubens erneuern". „Wir Priester" hätten es mit den höchsten Dingen zu tun, daher müssten „wir uns vom Willen Gottes leiten lassen. Mehr denn je ... sind wir heute darauf ausgerichtet, dem Menschen als solchem zu dienen, nicht bloß den Katholiken, darauf, in erster Linie und überall die Rechte der menschlichen Person und nicht nur die der katholischen Kirche zu verteidigen. Die heutige Situation" und ihre angewachsenen Herausforderungen „haben uns mit neuen Realitäten konfrontiert, wie ich es in meiner Rede zur Konzilseröffnung sagte. Nicht das Evangelium ist es, das sich verändert; nein, wir sind es, die gerade anfangen, es besser zu verstehen. Wer ein recht langes Leben gehabt hat" - hier erinnerte der Papst an die neuen sozialen Aufgaben des Jahrhunderts, an seine vielen Jahre als Kirchendiplomat im Orient und in Frankreich, wo er „verschiedene Kulturen miteinander vergleichen konnte, der weiß, dass der Augenblick gekommen ist, die Zeichen der Zeit zu erkennen, die von ihnen gebotenen Möglichkeiten zu ergreifen und in die Zukunft zu blicken".

Diesen Akt der Glaubenserneuerung mutete der Sterbende nicht nur den Mitarbeitern zu, sondern auch seinen Nachfolgern, den zum Konzil versammelten Verantwortlichen, am Ende allen Christen des Erdkreises.

DER GEIST WEHT WO ER WILL

Der berühmte Physiker *Max Planck* fasste ein Stück Lebenserfahrung einmal in eine denkwürdige Äußerung, welche die Grenze der „exakten Wissenschaft" bezeichnet. Neue Erkenntnisse – äußerte er sinngemäß – setzten sich nicht durch in der Weise, dass immer mehr Fachleute sie sich aneigneten; sie kämen vielmehr in dem Maße zum Zuge, als deren Gegner allmählich wegstürben.

Es hat überhaupt den Anschein, als sei nur das Kind, der kindliche Geist (den sich manche Erwachsene bewahren) begierig auf das Neue, auf Neues, und könne davon nicht genug bekommen. Das ist nicht nur bei Menschen so.

Vor Jahrzehnten beobachteten japanische Forscher, wie ein junges Weibchen eines Trupps Rotgesichtsmakaken eine verschmutzte Süßkartoffel fand und, sie spielerisch in fließendes Wasser tauchend, die Entdeckung machte, dass sie gewaschen viel besser schmeckte. Ein Spielgefährte ahmte sie nach.

Die Mutter des Weibchens übernahm die Entdeckung, ihr folgten nach und nach andere Mütter, die das Gelernte an ihre Jungen weitergaben. So wurde es allmählich zum Kulturgut der Weibchen und der Jungen, indes die alten Männchen, stolz, ungerührt oder stur, der Neuerung verschlossen blieben. (38)

Vergleichbares Verhalten kennen wir aus menschlichen Sozialverbänden: Familie, Verein, Firma, Partei, Regierung, Kirche. Vergleiche dieser Art reizen manche zum Widerspruch: Menschen *können* in der Tat anders. Doch eingewurzelte seelische und geistige Trägheit, gemischt mit Stolz, löst häufig Widerstand, ja Abneigung selbst gegen fällige, wohlbegründete Veränderungen aus. Hartnäckiger Widerstand, der in einer Gruppe – nicht nur von Tieren – gelehrige von unbelehrbaren Mitgliedern scheidet.

So auch im Glaubensverständnis. Den Propheten gemäß erhofften die Frommen im frühen Israel eine radikale Wende in der Welt, Überwindung von Krieg und Waffenschmieden, Friede unter Völkern, zwischen Mensch und Tier, Hinwendung der Völker zum Gott Israels unter dem Messias-König, Wiederherstellung des David-Königtums, des Tempels, Sammlung der Zerstreuten Israels.

Auch Jesu Jünger waren von dieser Hoffnung beseelt (Apg 1,6). Doch die kleinen Leute zeigten sich dem Verkündigungsruf vom angekommenen Gottes-Heil (Mk 1,15) viel aufgeschlossener als die Ältesten, Schriftgelehrten, Pharisäer und Priester (Mk 3,5 Par; 6,52 u.ö.). Jesus macht die gleiche Erfahrung der Verstocktheit (*sklêrokardía*) wie schon Israels Propheten (Jes 6,9f; Ez 2-3 u.ö.). Auch die Jünger tun sich mit Umdenken und Lernen schwer. Als Jesu Weg wegen des hartnäckigen Widerstandes führender Kreise in die irdische Katastrophe, den schmählichen „Exitus", zu münden droht, muss Petrus als Wortführer der anderen hören, er denke Satans, nicht Gottes Gedanken (Mk 8,31ff Par). Selbst der Auferstandene trifft auf denkträge und schwerfällige Herzen (Lk 24,25), und die Apostelgeschichte bezeugt, wieviel Mühe den Jüngern das Um- und Weiterdenken machte. Erst die pfingstliche Ausrüstung mit dem Gottesgeist formt sie dazu, „meine Zeugen zu sein in Jerusalem, Judäa, Samaria, bis ans Ende der Welt" (Apg 1,8).

Ein Messias nicht nur dem Buchstaben, sondern viel mehr dem Geist nach. Ein Messias, der keinen Krieg führt, sondern Leiden vorzieht; der die Besatzer nicht hinauswirft, sondern von ihnen gekreuzigt wird; dessen Tod nicht den Beweis seiner Anmaßung führt, sondern der von Gott selbst beglaubigt wird; der nicht nur die „verlorenen Schafe" Israels, sondern die Völker der ganzen Welt in seine Sorge nimmt.

Lukas erzählt, wie sich Petrus verteidigt gegen Parteigänger der jüdisch-christlichen Bruderschaft, für die der Messias Jesus Israel vorbehalten ist, zielt doch schon der Begriff Messias allein auf Israel.

---

38 Näheres z.B. bei *W. Wickler,* Antworten der Verhaltensforschung (München 1974), 114ff

Petrus argumentiert, Gott habe den Hl. Geist auch Nichtjuden verliehen, die zum Glauben an den Messias Jesus fanden – für jene Judenchristen ein Ding der Unmöglichkeit, ein Nonsens. Petrus aber: „Wer bin ich, dass ich Gott hindern könnte?" (Apg 11,17) Die Kirche der Apostel steht offenbar vor einem Phänomen, das traditionell geformter Verstand nur schwer ´verdaut`: Christus- (= Messias-) Gläubige, die nach der Tradition gar nicht „erwählt" sind oder sein dürften, die aber zahlreich in neue, ´transjordanische` Gemeinden strömen. Vor allem um Paulus, früheren Rabbiner und innovativsten Umdenker und Weiterdenker der Zeit, scharen sich diese Leute. Dieser Missionar, ursprünglich selbst jüdischer Traditionalist, erkennt, dass Gott die Christen „zu Dienern des Neuen Bundes befähigt" habe, „nicht des Buchstabens, sondern des Geistes; denn der Buchstabe tötet, der Geist macht lebendig" (2Kor 3,6).

Doch die Irritation nimmt solche Ausmaße an, dass man zu Jerusalem eine erste ´Kirchenversammlung` abhält, wo sich alle frühchristlichen Parteigänger um die Autoritäten, die Apostel, sammeln. Christen aus der Pharisäerschaft anerkennen schließlich die Neugläubigen, wollen sie aber nach rabbischer Vorschrift als Konvertiten behandelt sehen, zu Beschneidung und Tora verpflichtet (Apg 15,5). Nach heftigen Debatten, in die Petrus, Paulus und Jakobus eingreifen, wird ein erstes Konzils-Dekret erlassen: „Der Heilige Geist und wir haben beschlossen", die ´Heidenchristen` zu entlasten; statt wie jüdische Konvertiten, sollen sie nur verpflichtet sein, wie die „Gottesfürchtigen" Israels zu leben: keine Vielgötterei, keine Unzucht, kein Verzehr blutigen Fleisches (Apg 15,29). Die Unruhestifter werden zurückgepfiffen: sie hätten „ohne Auftrag" heidenchristliche Gemeinden „verwirrt und verunsichert" (v 24). Allerdings können die ´hardliner`, die allen Christen die Tora auflegen wollen, ihr Überstimmt-Sein nicht ertragen; sie sehen die Argumente der Apostel nicht ein, ihr Gottesbild ist strenger. Weiterhin suchen sie ohne Auftrag, aus eigenem Antrieb fremde Gemeinden heim, zumal internationale, interkonfessionelle Paulus-Gemeinden, um dort die Regelung des Konzils ab- und ihre eigene Forderung nachträglich durchzusetzen. Die Traditionalisten erschweren Paulus das Missionswerk dermaßen, dass er sich von diesen *pseudapóstoloi* („falschen Brüdern") distanziert (2Kor 11,13.26; Gal 2,4). Für die Gegner aber ist Paulus ein abgefallener Jude, Freigeist, Verräter an Thora, Christus (Messias), Gott.

Wie löst sich dieser historische Gegensatz unter Christen auf? Leider so, dass die Gegner des Paulus und des Apostelkonzils im Laufe der kommenden Jahrhunderte aussterben.

Die Öffnung zur Welt, der ja Gottes schöpferische und heilende Liebe gehört, welche die Urkirche realisierte, war unfreiwillig. Petrus wird von einer Traumvision (Tuch mit unreinen Speisen) genötigt, das buchstäbliche Gesetz zu übertreten, das Haus des Nicht-Juden Cornelius zu betreten und anzuerkennen, dass Gottes Geist auch die Völker ergreifen will (Apg 10). Und so beugt sich die Urkirche widerwillig dem Willen des Gottesgeistes hinsichtlich der Aufnahme nichtjüdischer Gläubiger, stellt dessen Willen voran: „Der Heilige Geist und wir haben beschlossen" (Apg 15,28).

Ereignisse und Beschlüsse des 2. Vatikanischen Konzils laufen durchaus parallel. Es sind die Gsschichte und das in den „Zeichen der Zeit" (Lk 12,56f; Mt 16,2) lesbare, über menschliches Wollen, Planen, Vorstellen hinaus gehende Engagement des göttlichen Heilswillens, durch die der Papst sich zur Einberufung des Konzils belehrt, genötigt sieht (wie seine Ansprache zur Konzils-Eröffnung verdeutlicht). Denn die *Zeit*, von der das Evangelium redet, ist nicht einfach die Weltzeit (*aiôn*), sondern die *Gottes*-Zeit, Heils-Zeit (*kairós*), die mitten in der Weltzeit und weltlichen Chronologie zu unterscheiden, zu entdecken Aufgabe der Christen ist (Röm 12,2.11). Daher kann Johannes XXIII. für Programm und Arbeit des Konzils einen *Glaubens*-Begriff – *aggiornamento* – prägen: „*il giorno* - der Tag" meint hier gerade nicht das Tagtägliche, für Eintagswesen Wichtige, sondern nimmt den Heils-Tag prophetischer Verheißungen auf, den auch Jesus in Gleichnissen anzielt, wo er zur Wachsamkeit aufruft, „denn ihr wisst nicht, an welchem Tag euer Herr kommt" (Mt 24,42; 25,13);

denn der Herr kommt zur Prüfung und Gerechtmachung seiner Welt an unerwartetem Tag und zu ungewisser Stunde" (v 50) und will Mägde und Knechte wach und bereit finden. Eben für diesen jeder Zeit eigenen „Tag des Herrn" (*il giorno del Signore*) prägte der Papst den Begriff „aggiornamento", um die Bedeutung der dem Konzil aufgegebenen Zurüstung der Kirche zu kennzeichnen.

Den „Konzilsvätern" erging es dabei wie der Apostelkirche. Überrascht stellten sie fest und wurden, von Gottes Geist getrieben, sich einig, dass „der Geist Christi sich gewürdigt" hat – al *„uso della medicina della misericordia"* (Johannes XXIII.), das heißt „mittels der Arznei der Barmherzigkeit" – , auch die von Rom getrennten Kirchen und Gemeinschaften „als Mittel des Heils zu gebrauchen", da deren Glieder durch Glaube und Taufe „in Christus eingegliedert" sind und darum als „Brüder im Herrn" erkannt werden müssen. (39) Daher zeigen sich ökumenische Zusammenarbeit und gemeinsame Suche nach Einheit, gestern noch verworfen, heute als geistliche Pflicht (mit der Konsens-Erklärung der Kirchen über die Rechtfertigung 1999 als erster historischen Frucht). Weiterhin erkennt das Konzil, dass Christus durch seinen Geist, der weht, wo er will (Joh 3,8), nicht nur streng exklusiv innerhalb der Kirchen-Grenzen, sondern auch inklusiv in den Herzen aller Menschen wirkt, etwa in allen selbstlosen Bestrebungen, Leben und Welt „humaner zu gestalten". (40) So wurde der alte Satz „Außerhalb der (römisch-katholischen) Kirche kein Heil" vom Gottes-Geist selbst relativiert.

Solche Einsichten entsprangen keinem kirchenpolitischen Programm, auf sie waren die wenigsten vorbereitet.. Vor dem Konzil dachte man amtlich-mehrheitlich anders, kleiner, enger, ängstlicher.

Für die im Konzil versammelten Bischöfe der Welt aber galt: Weil der Heilige Geist es so beschlossen hat, beschließen auch wir ... Damit wird auch klar, wer die Kontinuität der Kirche des Konzils mit der vor-konziliaren Kirche verbürgt: letztlich der Gottes-Geist selbst, der eine Kontinuität weniger des Buchstabens als des Geistes schafft. Es ist ja der Geist Gottes, dessen Wege und Planungen himmelhoch über denen der Menschen sind (Jes 55,9), der einen *neuen Himmel* und eine *neue Erde schafft,* sodass „nicht mehr gedacht wird des Früheren" (65,17f).

39 Dekret über den Ökumenismus („Unitatis redintegratio") Nr.3
40 Konstitution über die Kirche in der Welt von heute („Gaudium et spes"), Nr.38

VATER UNSER *HEUTE*

Viele sagen „Zufall und Notwendigkeit",
nur als dunkle Gewitterwolke hänge die Zukunft über der Erde –
dennoch wagen wir zu sprechen:
Vater unser im Himmel!
Bekannt gemacht und *geheiligt werde dein Name*
durch Umkehr, Versöhnung und Einigung der Christen in aller Welt!
Angesichts so vieler Systeme der Ungerechtigkeit,
Ausbeutung und Unterdrückung flehen wir:
Dein Reich komme,
damit der Mensch nicht mehr Opfer des Menschen sei!
Nicht der Wille der Mächtigen, nicht unser selbstsüchtiger
und kleinherziger Wille *geschehe*,
sondern *dein Wille* senke sich vom *Himmel*
wie Tau *auf* die ausgezehrte *Erde* unseres Herzens,
löse Härte, heile Angst, wecke Vertrauen, stärke Hoffnung!
Die hungernden Brüder und Schwestern
unserer Welt vor Augen bitten wir:
Gib uns allen das Brot für heute
und lehre es uns teilen auch mit jenen,
die nach uns kommen!
Und vergib uns unsere Schuld:
das Kreisen um uns selbst, den Zeit-Mangel für dich und füreinander,
denn auch wir können nur *vergeben* all denen,
die *uns* Verstehen und Zeit *schuldig* geblieben sind.
Und lass uns nicht der Versuchung erliegen,
uns mit der Welt abzufinden, wie sie ist,
sondern erlöse uns von Kleinmut
und Resignation vor den Weltmächten!
Denn dein ist das Reich, das wir als Heil der Welt verkünden,
und die Kraft, die uns Schwache wählt, um zu wirken,
und die Herrlichkeit, die sich uns offenbaren
und *in Ewigkeit* unter uns wohnen will.
Amen.

ZUM AUTOR

Klaus P. Fischer, geboren 1941 in Stuttgart, studierte Klassische Philologie bei *W. Schadewaldt, W. Jens* (Tübingen) und *R. Muth* (Innsbruck), Philosophie und Theologie u. a. bei *H. Küng, W. Schulz, R. Schaeffler* in Tübingen, *E. Coreth, K. Rahner, J.A. Jungmann* in Innsbruck, *P. Henry, H. Bouillard* in Paris, *O. Semmelroth, B. Schüller* in Frankfurt/M. Beraten u.a. von *K. Lehmann* (dem heutigen Kardinal), promovierte er 1973 bei *H. Bouillard* in Paris mit einer Arbeit über die Theologie *K. Rahners*.

Er engagierte sich jahrzehntelang in Religionspädagogik, Gemeinde-, Jugend- und Patienten-Pastoral sowie in religiöser Rundfunkarbeit (Südd. Rundfunk). Derzeit Lehrbeauftragter für Theologie an der Universität Heidelberg, dazu Kurse in religiöser Erwachsenenbildung.

Schwerpunkte seines Bemühens sind von Anfang an die Hinführung zum christlichen Glauben wie auch die Lebenshilfe aus dem Glauben. Dafür waren und sind ihm die Biblische Theologie (dankbar und vielfach gestützt auf das in Vorträgen verbreitete und in einigen Manuskripten erhaltene Lebenswerk von *H. Seifermann*, München), ignatianische und oratorianische Spiritualität wichtige Quellen.
Für die letztgenannten sowie für den Geist des 2. Vatikanischen Konzils stand und steht er in fruchtbarem Austausch mit dem langjährigen Erfurter Theologen S. Hübner (jetzt Berggießhübel).

Veröffentlichungen in Buchform:

- Der Mensch als Geheimnis. Die Anthropologie Karl Rahners (1975)
- Den Klugen verborgen, den Suchenden enthüllt (1976)
- Zufall oder Fügung? (1977)
- Die Sache mit dem Teufel – Teufelsglaube und Besessenheit zwischen Wahn und Wirklichkeit (1980 – zus. mit *H. Schiedermair*)
- Gedächtnis der Armen (1981)
- *Übersetzung ins Deutsche von* M. Oraison, Was ist Sünde? (1968 / 1982)
- Gotteserfahrung. Mystagogie in der Theologie Karl Rahners und in der Theologie der Befreiung (1986)
- „Heute, wenn ihr Seine Stimme hört" – Beiträge zu einer Theologie des Kairós (1998)
- Kosmos und Weltende. Theologische Überlegungen vor dem Horizont moderner Kosmologie (2001)
- SCHICKSAL in Theologie und Philosophie (2008)
- Gottes-Dienst im Alltag. Der Apostel Paulus – Vordenker des Christentums (2009)
- Vom Zeugnis zum Ärgernis? Anmerkungen und Thesen zum Pflichtzölibat

Zufall oder Fügung?

Von der Begegnung mit dem Unberechenbaren

von Klaus P. Fischer

80 Seiten, € 7,90

ISBN-Nr.: 978-3-98141-3-5

Die hier vorgelegten Überlegungen zu der Frage „Zufall oder Fügung?" möchten eine Denkhilfe sein, ein Denkanstoß. Sie berühren eine Frage, die von vielen nachdenklichen Menschen empfunden, aber selten artikuliert wird – wohl deshalb, weil ihre Formulierung Verlegenheit auslöst – etwa bei Rückfragen nach Beweisen – und nicht selten den Spott der Selbstsicheren und Pragmatiker hervorruft. Es erfordert also Mut, sich dieser Frage zu stellen und sich auf die Suche nach Klärung zu begeben. Dabei ist zu entdecken, dass der Mensch nicht nur aus und mit Hilfe von beweisbarem Wissen lebt, sondern auch – sogar tiefer – aus dem ´Gefühl`, aus Ahnung und Intuition, aus jenem „feinen Sinn", der – nach Pascal – das Erkenntnisorgan des Herzens ist.

Das Herz hat bekanntlich Gründe (raisons), die der Verstand (la raison) nicht kennt – „das erfährt man in tausend Dingen". Es gilt auch von der Erfahrung der Gegenwart und heilsamen „Fügung" Gottes an Kreuzungen der Lebensstraßen. Denn – so wieder Pascal - „Gott ist für das Herz erspürbar, nicht für den Verstand" – und darin bestehe der Glaube (Gedanken fr. 278).

Vom Zeugnis zum Ärgernis?

Anmerkungen und Thesen zum Pflichtzölibat

von Klaus P. Fischer

220 Seiten, € 14,90

ISBN-Nr.: 978-3-9814195-0-4

Die Evangelien berichten einmal von Jesus, er habe angesichts einer großen Menschenmenge Erbarmen gehabt, "denn sie waren wie Schafe, die keinen Hirten haben." Diese Situation - Gemeinden ohne Hirten - wiederholt sich heute in der Kirche Europas tausendfach - wer könnte, wer sollte sich ihrer erbarmen? Die Studie "Vom Zeugnis zum Ärgernis?" zeigt, dass Abhilfe geschaffen werden könnte, dass es nur an Hirten fehlt, welche die Gnade der Ehelosigkeit empfangen haben. Dieses Gnadengabe ist für die Kirche wichtig, sie wird aber von Anfang an in besonderen Gemeinschaften (Orden, Kongregationen) gelebt. Der Pflichtzölibat in der Westkirche, unter skandalösen Umständen erzwungen und von einer einseitig-defizitären Theologie gestützt, stellt sich immer schärfer als Hindernis für die Berufung von Priestern und die Gewährleistung von Seelsorge heraus - mit der Folge, dass sich die "Schafe" in Scharen verlaufen.

Das Buch plädiert für ein Umdenken beim Zölibat und zugleich bei katholischen Erblasten, die ihn in der Vergangenheit begründen sollten. Eine gesunde Theologie wird auch eine genügende Anzahl gesunder und fähiger Bewerber für den Priesterberuf nach sich ziehen.

Aufbruch im Glauben mit Papst Johannes XXIII.

von Siegfried Hübner

124 Seiten, € 9,90

ISBN-Nr.: 978-3-98141-95-1-1

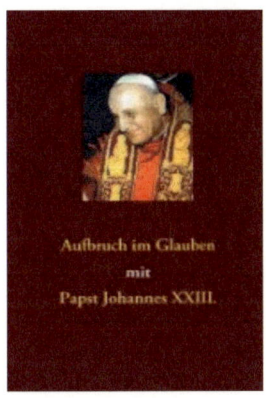

Wenn wir heute in unserer Kirche an einen Aufbruch im Glauben und im Leben denken können, so verdanken wir das jenem Aufbruch, der vor fast 50 Jahren im II. Vatikanischen Konzil (1962 – 1965) begonnen hat.

Die Erneuerung, um die es damals ging und die uns heute noch aufgegeben ist, können wir aber nur recht verstehen, wenn wir auf den Papst zurückblicken, der dieses Konzil einberufen hat, und mit ihm die Kirche so in Bewegung bringen wollte, wie er es unter den „Zeichen der Zeit" für notwendig hielt. Aus den Berichten, die aus Gemeinden zu hören sind, die sich heute um einen „Aufbruch" bemühen, geht hervor, dass die Anläufe, die dazu gemacht werden, stets zu der Frage führen: Was will Gott heute von uns? Auf diese Frage geht Siegfried Hübner ein, und daraus haben sich die Themen der Kapitel seines Buches ergeben: über Papst Johannes XXIII., über einige Ereignisse des Konzils und über unsere heute wohl wichtigste Aufgabe als Christen.

Zum Autor:

Dr. theol. Siegfried Hübner, geboren 1923 in Oelsnitz, war in der Zeit der DDR Studentenpfarrer in Erfurt und Weimar, Pfarrer in Pirna und Dozent für Dogmatik am Philosophisch-Theologischen Studium Erfurt. Viele Jahre gab er das von der Zensur nicht nur kritisch überwachte, sondern zuweilen behinderte „Theologische Jahrbuch" heraus, das nicht nur katholischen Theologen in der DDR half, im Kontakt mit der Theologie der Weltkirche zu bleiben. Auch nach seiner Emeritierung (1988) blieb er ein gesuchter Referent bei theologischen Tagungen oder in Studentengemeinden.

Er nimmt zu den aktuellen theologischen Problemen in der Weise Stellung, dass er die wichtigste Frage, die es unter Christen gibt, immer aufs Neue ins Zentrum des Glaubens rückt: die Frage nach dem unergründlichen Geheimnis, das wir „Gott" nennen.